AF272787

KÜLLŐ ILTIA

Paradoc.x

ÖN AZONOS?

novum pro

Ez a könyv
e-könyvként
is elérhető

www.novumpublishing.hu

© 2024 novum publishing

ISBN 978-3-99146-455-6
Lektor: Sósné Karácsonyi Mária
Borítóképek: Artem Zakharov,
Maksim Shmeljov | Dreamstime.com,
Küllő Iltia
Borító, tördelés & nyomda:
novum publishing

www.novumpublishing.hu

Print product with financial
climate contribution
ClimatePartner.com/16547-2311-1001

SZEREPLŐK

DR. ÁMON PÉTER: *orvos, negyven éves*

VÉDA: *az orvos páciense, a harmincas évei elején jár*

*A felvonások elején és közben, amikor nincs párbeszéd,
a főszereplő a laptopjába mint naplóba írja
az általa elhangzó szöveget.*

ELSŐ FELVONÁS

I.

Véda felnyitja a laptopot, írni kezd.

VÉDA: Tökéletesen kerek folyamat, de csak bizonyos idő távlatából látszik. Most állt össze kerek egésszé, kezdve a legelső találkozástól. Nem a szerelem, még mindig úgy gondolom, az némileg külön vonal, de van benne kivetítés. Á, mindegy, az egész egyben kerek mégis. Az én életemben így teljes. Leírom az álmokat. Mindent leírok, amióta tudom, hogy olvasod. Álmomban felvágtam az ereimet a kádban. Eleinte alig akart folyni a vérem, utána elkezdett ömleni, és a kezem annyira fájt, hogy most is érzem. Már minden csupa vér volt, akkor felébredtem. Mit jelent az álom? Rossz lelkiállapotot? Ha megölném magam, elfelejthetnék mindent a családomról, ez nagyon jó lenne. Nem kellene tovább vinni a terhet, és nem lenne hiányérzetem. De tényleg kitörlődne minden? Vagy akkor is ott lenne, mert nincs menekvés? Ne haragudj, de a másik álom már nemcsak szentimentális, hanem kicsit pikáns is. Nem tehetek arról, mit álmodok. Úgy kezdődött, hogy mentem hozzád időpontra. Zöld ruha volt rajtam, gondolom azért, mert az a remény színe. Bementem a szobádba, ami teljesen másképp nézett ki, mint a valóságban. Nagyobb volt és más elrendezésű, sárgás fényben úszott. Leültem a páciensszékre. Ekkor te hirtelen felálltál, és odamentél egy ajtóhoz, ami olyan volt, mintha szekrényajtó lenne, kinyitottad, és kimentél rajta. Rájöttem, hogy az egy titkos kijárat, nem szekrény. Egy teljes órán keresztül nem jöttél vissza, én meg ültem és vártam. Akkor már gondoltam, hogy ezzel megint leckéztetsz, és addig nem jössz vissza, amíg le nem telik az időm. Így is volt. Amikor vége lett az órának, bejöttél az igazi ajtón, és közölted, hogy letelt az óra, menjek utánad. Kimentünk az előtérbe, ahol recepciósok dolgoztak. Kicsit oldalt, a falnál volt egy kanapé, arra leültünk. Még arra emlékszem, hogy elég nagy volt az előtér, tele zöld növénnyel. Papírok voltak nálad; úgy nézett ki, mintha lista lenne. Kérdeztem, mikor jöhetek legközelebb. Azt mondtad, nem adsz időpontot, hanem keressek rád a neten, ott megtalálom, mikor vannak szabad időpontjaid, válasszak egyet, de április huszonegy utánit, aztán hívjam fel a rendelőt, és írassam be magam. Azt nem tudom, álmomban milyen hónap és milyen nap volt aznap, vagyis mennyi idő múlva lett volna április huszonegyedike. Nem tudom azt sem, honnan jött ez a dátum, csak annyit bírtam kiokoskodni, hogy április tizenkettedikén ugrott ki az öcsém a negyedikről, talán annak a fordítottja. Közben bele-belenézegettél a papírokba, én meg kíváncsi voltam, mi lehet bennük, ezért közelebb hajoltam. És bocs, de az jön, hogy mivel nagyon kicsi volt az a kanapé, ettől a mozdulatomtól összeért a térdünk. Rögtön arrébb akartam húzódni, mert megijedtem, azt hiszed, szándékos volt, de nem volt lelkierőm megtenni. Te sem ültél arrébb, és ettől, hogy nem húztad el a térded, annyira meghatódtam, hogy hozzád dőltem a vállammal, de csak picit (esküszöm!), inkább csak hozzád értem, így korrekt. Akkor sem húzódtál el, csak beszéltél és nézted a papírokat. Én meg becsuktam a szemem, és pár pillanat múlva az egyikből legördült egy könnycsepp. (Tudom, borzalmasan giccses, de így történt.) Nem akartam onnan mozdulni; jó volt így lenni, becsukott szemmel. Tudtam, hogy nem látod az arcomat, mert a papírokat nézted. Végül befejezted a beszédet (fogalmam sincs, miről beszéltél), fel kellett állnunk a kanapéról. Elköszöntél, elmentél, többet nem láttalak. Ahogy mentem kifelé, az egyik recepciós odaszólt, hogy mikorra írjon be. Mondtam, mit kell tennem ahhoz, hogy legyen időpontom, mire megsajnált, és megnézte az előjegyzésedet. Kiderült, hogy április ötödikén még egész nap szabad vagy, és beírt a korábbi időpontra, hátha elfelejted, mit mondtál. Az április ötöt értem. Akkor mentem először az elmaradt időpont után.

A párbeszéd egy bírósági tárgyalóteremben játszódik. Véda a bíró, Ámon a felperes, akinek a válópere zajlik.

DR. ÁMON: – Jó napot kívánok!

VÉDA: – Szerencse, hogy nem egy perccel később jött, már éppen meg akartam szüntetni a pert.

DR. ÁMON: – Sajnos lerobbant az autóm idefelé jövet, ezért késtem.

VÉDA: – Nem várom, hogy elnézést kérjen, hiszen ez az óra részemről az önök tárgyalására van szánva, de azért örülök, hogy nem kell visszatekernem a magnót, és letörölnöm a megszüntető végzést. Legyen szíves ideadni a személyi igazolványát és a lakcímkártyát, aztán foglaljon helyet. Ide, ez a felperes helye.

DR. ÁMON: – Köszönöm.

VÉDA: – Tájékoztatom, hogy a tárgyalás anyagát hangfelvételen rögzítjük, 8 nap elteltével a legépelt jegyzőkönyv megtekinthető a bíróság polgári irodáján.

Dr. Ámon hallgat.

Véda várakozóan néz Ámonra.

DR. ÁMON: – Megértettem a tájékoztatást.

VÉDA: – Ebben biztos voltam, nem ezért várok. Mielőtt belekezdünk a tárgyalás érdemi részébe, megkérdezem, nem szeretné-e, hogy helyettem másvalaki tárgyalja a peres ügyét.

DR. ÁMON: – Miért akarnám?

VÉDA: – Mert ismerjük egymást. Gondoltam, ha esetleg nem emlékezett a nevemre, amikor olvasta az idézésen, akkor most talán visszaemlékszik, hogy találkoztunk már, és azt fogja kérni, hogy másik bíró foglalkozzon az ügyével.

DR. ÁMON: – Pontosan emlékszem magára, a nevére is, amikor láttam az iraton. Miből gondolta, hogy nem emlékszem?

VÉDA: – Igazából nem azt gondoltam, hogy nem emlékszik, hanem hogy úgy tesz, erre pedig van némi okom, de ebbe most ne menjünk bele. Szóval már tisztáztuk, hogy emlékszik rám, tehát ismét kérdezem: nem akarja-e, hogy másra osszák át az ügyet?

DR. ÁMON: – Egyelőre nincs erre semmi okom. De ha jól tudom, a bíró is kérheti, hogy adják át másnak a pert, ha az ismeretségünkre tekintettel nem szeretné tárgyalni.

VÉDA: – Fel sem merült bennem, hogy elfogult lennék, azonban az igen, hogy ön, mint felperes, majd hivatkozni fog erre.

DR. ÁMON: – Én sem hivatkozom.

VÉDA: – Rendben, akkor kezdjük. Nem tudja, miért nincs itt az alperes?

DR. ÁMON: – Tegnap azt telefonálta, hogy jönni fog.

VÉDA: – Az idézést átvette, ezért nélküle is meg tudjuk tartani a tárgyalást. Ismeri a válás kétféle módját, vagy tájékoztassam róla?

DR. ÁMON: – Ismerem; az ügyvédem, aki a legjobb az országban és egyben a barátom is, elmondott mindent. Közös megegyezéssel szeretnék elválni.

VÉDA: – Ha van ügyvédje, mért nem ő adta be a keresetlevelet, és mért nem jött el a tárgyalásra?

DR. ÁMON: – Nincs szükségem arra, hogy itt legyen, csak a vagyonmegosztásban segít, az pedig peren kívül folyik. A bontóperi tárgyalásokban már elég rutinos vagyok.

VÉDA: – Közös megegyezéssel csak akkor lehet elválni, ha mind a két fél jelen van, az alperes nélkül ez nem megy. Ha eljön az alperes a következő tárgyalásra, és azon egyességet kötnek, akkor fel lehet bontani a házasságot. Azonban ha nem jön el, annak érdekében, hogy a per ne húzódjon, részletesen el kell mondania a házasság megromlásának okait, és tanúkat is be kell jelenteni, ezek nélkül nem mondható ki a válás. Van egy kiskorú gyermek, az ő elhelyezéséről és a gyerektartásról is döntenie kell a bíróságnak, ha nincs megegyezés.

DR. ÁMON: – Induljunk ki abból, hogy eljön a feleségem a következő tárgyalásra. Mindent megteszek, hogy megkössük az egyességet, főleg a kislányom miatt.

VÉDA: – Rendben, akkor a magnóba diktálom az adatait. *(diktál)*
Dr. Ámon Péter, született 1980. április 15-én, Budapesten...
Mielőtt folytatom, felhívom a figyelmét, nemsokára a lakcím-
kártyát veszem a kezembe, és meg fogom tudni, hol lakik. A
keresetlevélben az édesanyja címét jelölte meg idézési címnek,
de a jegyzőkönyvben a bejelentett lakóhelyét kell feltüntetni.
Még mindig nem késő kérnie, hogy másnak adják az ügyet.
DR. ÁMON: – Már mondtam, hogy nem kérem, diktálja csak tovább.
VÉDA *(lejegyzi a lakcímet, hogy később lediktálja a magnóba, ezu-
tán mindent ugyanígy feljegyez):* – Akkor ezzel megvolnánk.
Hányadik házassága?
DR. ÁMON: – Harmadik.
VÉDA: – Hány kiskorú gyermeke van?
DR. ÁMON: – Egy, az alperessel közös.
VÉDA: – Szakképzettsége?
DR. ÁMON: – Pszichiáter.
VÉDA: – Foglalkozása?
DR. ÁMON: – Ugyanaz.
VÉDA: – Munkahelye?
DR. ÁMON: – Jelenleg is a magánrendelőm.
VÉDA: – Most azt kell megkérdeznem, mikor és hol ismerked-
tek meg, de nem túl lényeges a per szempontjából, ezért, ha
nem szeretné megmondani, kihagyhatjuk.
DR. ÁMON: – Miért ne mondanám meg? Az elmegyógyintézet-
ben ismerkedtünk meg 2001-ben, ősszel.
VÉDA: – Bocsánat, de furcsán fog kinézni a jegyzőkönyvben,
hogy elmegyógyintézetben ismerkedtek meg. Diktálhatnám
úgy, hogy az ön egykori munkahelyén ismerkedtek meg 2001
őszén úgy, hogy a könyvei hatására a leendő felesége felke-
reste önt, mint érdeklődő?
DR. ÁMON: – Persze. Minek kérdezi, ha tudja?
VÉDA: – Muszáj megkérdeznem, ha már belementünk. Azt is
tudtam, mi a foglalkozása, mégis megkérdeztem.
DR. ÁMON: – Nem így értettem, hanem hogy minek kérdezi,
diktálhatja-e másképp, ha egyszer tudja, hogy igen. De mi
az, hogy *érdeklődő*?

VÉDA: – Azt akartam ezzel kifejezni, hogy nem a betege volt, vagyis nem időpontra ment. Írjuk, hogy rajongó?

DR. ÁMON: – Írjuk, hogy javaslatért jött hozzám, a többi jó lesz úgy, ahogy mondta.

VÉDA: – Arra egészen biztosan jól emlékszik, hogy ősszel ismerkedtek meg?

DR. ÁMON (elgondolkodik): – Most, hogy mondja, tényleg nem ősszel, hanem akkor jöttünk össze. De mikor is ismerkedtünk meg? Mindjárt visszagondolok...

VÉDA: – Talán tavasszal, vagy nyár elején...

DR. ÁMON: – Igen, nyár elején, mert utána mindjárt nyaralni mentem.

VÉDA: – Rendben, kész is. Az a következő kérdés, hogy mióta éltek együtt.

DR. ÁMON: – Hét éve költözött hozzám, azóta éltünk együtt.

VÉDA: – A házasságkötés időpontját ki tudom olvasni az anyakönyvi kivonatból. Most pedig az a kérdés jön, hogy mikor kezdett megromlani a kapcsolatuk? Nem olyan régen kötöttek házasságot...

DR. ÁMON: – Tavaly vettük észre, hogy nincs rendben a házasságunk, már megvolt a gyerek.

VÉDA: – Szóval a gyerek születése után, aki tavaly február 3-án született, közben ezt a dátumot is jegyzőkönyvbe veszem. Addig nem volt semmi probléma?

DR. ÁMON: – Volt, csak nem akartam észrevenni. A kislányunk születése után felszínre kerültek a kapcsolatunk problémái, és akkor már szembe kellett nézni velük, aminek az lett a következménye, hogy külön költöztünk egymástól.

VÉDA: – Mikor történt?

DR. ÁMON: – Idén februárban. A kislányunk egyéves születésnapját még együtt töltöttük, utána elköltöztem.

VÉDA: – Végleg megszakították az együttélést?

DR. ÁMON: – Végleg. A döntéseimet nem szoktam megváltoztatni, különben sem jó a se vele, se nélküle huzavona.

VÉDA: – A kérdést muszáj volt feltennem. A megromlás okairól egyelőre nem kérdezek, a következő tárgyaláson meglátjuk. Most kinél van a közös gyermek?

DR. ÁMON: – Az alperesnél, így egyeztünk meg.

VÉDA: – Vissza akar költözni a közös lakásba?

DR. ÁMON: – A ház, ahol laktunk, nem közös, csak az enyém. Már azelőtt megvolt, hogy összeköltöztünk volna, befogadtam a volt páromat az otthonomba.

VÉDA: – Bontóperben utolsó közös lakásnak azt nevezzük, ahol utoljára együtt laktak a felek, attól függetlenül, kinek a tulajdona.

DR. ÁMON: – Nem akarok oda visszamenni, a feleségemé lesz, erről is folyik a vagyonmegosztás. Otthagyom neki meg a gyereknek.

VÉDA: – Hát akkor úgy tűnik, ha eljön az alperes, nem lesz akadálya a megegyezésnek. Ma már csak az van hátra, hogy elhalasszuk a tárgyalást. A kiskorú gyerek miatt az a szabály, hogy az első tárgyalást el kell halasztani. A felek kérhetik a per folytatását, amennyiben nem kérik, a per megszűnik. Akkor most a tárgyalást befejeztük, a jegyzőkönyvet lezártuk.

DR. ÁMON: – Kérdezhetek még valamit?

VÉDA: – Tessék.

DR. ÁMON: – Lehet már most kérni a folytatást? Úgyis itt vagyok.

VÉDA: – Mostantól bármikor lehet kérni, de írásban kell benyújtani. Szívesen adok papírt meg tollat, megírhatja itt a tárgyalóban, és kifelé menet leadhatja az irodán.

DR. ÁMON: – Köszönöm a papírt, tollam van. Az irodát hol találom?

VÉDA: – A folyosó végén jobbra. Kérdezhetek én is valamit? De nem tartozik a perhez.

DR. ÁMON: – Igen.

VÉDA: – Miért van gyűrű az ujján? Egyszer azt mondta, hogy a gyűrű szimbólum. Folyik a válóper, hónapok óta külön élnek. Mit jelent akkor a gyűrű?

DR. ÁMON: – Ez? Ez a gyűrű nem szimbólum, hanem egy eszköz, amit a projekciós páciensekhez használok pár éve. Reggel felveszem, este leveszem. De ha már így tárgyaláson kívül beszélgetünk, én is kérdeznék még valamit. Hogy került erre a bíróságra? És egyáltalán miért bíróságon dolgozik? Úgy emlékszem, folyton váltani akart.

VÉDA: – Nem sikerült másféle munkát találnom, azonban átvettek erre a bíróságra, vagyis félig megvalósult a tervem. A munkaváltás még nem, de a költözés igen.

DR. ÁMON: – Ennek örülök. Mi a helyzet a párkapcsolatával?

VÉDA: – Ugyanaz. Nem házasodtunk újra össze, én nem akarom, mert gyerek nélkül szerintem fölösleges.

DR. ÁMON: – És most jobb?

VÉDA: – Jó. De nem akarom elismételni, amit akkor mondtam, amikor utoljára önnél jártam, ha emlékszik.

DR. ÁMON: – Rémlik, bár akkor sem értettem vele egyet. Maga tudja.

VÉDA: – Igen, és még most is úgy gondolom. De... volna még valami. Ennyi év után végre megtudhatnám, hogy... hogy kivett-e már a rendszerből? Nem olyan fontos, csak eszembe jutott, mennyit foglalkoztam ezzel akkoriban.

DR. ÁMON: – Milyen rendszerből?

VÉDA: – Még mindig titok?

DR. ÁMON: – Micsoda?

VÉDA: – Szóval titok. Hát jó, akkor nem feszegetem. Csak néha még mindig eszembe jut, amikor felveszem a telefonomat, pedig lassan két éve jártam utoljára a rendelőben.

DR. ÁMON: – Komolyan nem értem, miről beszél.

VÉDA: – Rajtam kívül még soha senki sem jött rá? Azóta sem? Furcsa. Nem volt nehéz kitalálni, hogy létezik.

DR. ÁMON: – Ha nem árulja el, mi az a rendszer, nem fogom érteni.

VÉDA: – Azt mondta, pontosan emlékszik rám, akkor hogyan lehetséges, hogy nem emlékszik arra, hogy feltételezésem szerint ön lehallgatja a betegei telefonját, és ellenőrzése alatt tartja a számítógépük tartalmát is? Persze gondolom, nem minden betegét, valamilyen szempont szerint kerülnek a páciensek ebbe a rendszerbe. A projekciósok biztos benne vannak

DR. ÁMON: *(mintha most jutna eszébe)*: – Most már emlékszem, hogy valamikor ezt vette a fejébe. Te jó ég, még mindig ezt hiszi?

VÉDA: – Nem hiszem, hanem tudom, de ha már belementünk. Amikor a barátnőm megírta önnek, hogy szerintem létezik egy ilyen rendszer, sőt még előtte, amikor én szóban elmondtam, nem volt ez riasztó az állapotomra nézve? Úgy értem, abban az esetben, ha nincs rendszer. Ha valaki ilyet *képzel,* az nagyon súlyos, nem? De nem vette komolyan.

DR. ÁMON: – Ez a felvetés olyan abszurd, hogy nincs mit komolyan venni rajta.

VÉDA: – Érdekes, azt hittem, épp azt kell komolyan venni, ami ennyire abszurd. Bár nem értek hozzá.

DR. ÁMON: – Talán akadályozta a mindennapi életében, hogy ilyesmit gondolt? Én úgy láttam, nem. Most is dolgozik, párja van, akkor mitől lenne súlyos egy ilyen feltételezés?

VÉDA: – Eléggé e körül a feltételezés körül forogtak a gondolataim. Jobb lett volna vagy teljesen kiverni a fejemből, vagy elismerni számomra, hogy tényleg van rendszer, de csak átsiklott felette. Most is furcsának találom, hogy nem kérdezi meg, honnan veszek ilyesmit, miből gondolom. Legalább ennyit. Nem is meglepő, ha valaki ilyet feltételez?

DR. ÁMON: – Ha mindennek jelentőséget tulajdonítanék, amit velem kapcsolatban feltételeznek az emberek, hát nagyon megnehezíteném az életemet.

VÉDA: – Szándékosan beszél el a mondataim mellett? Ugyanis nem az a lényeg jelen esetben, mit feltételezek önről, hanem hogy amit feltételezek, *rám nézve* kóros-e?

DR. ÁMON: – Nézze, még mindig azt szeretné, hogy foglalkozzak magával, mert ugye, ha kóros, ezt vonja maga után. Akkoriban is ezt éreztem, ezért én nem megyek bele ilyen csapdákba. A csapdákat állító ember önállótlan. Nem attól függ a maga boldogsága, hogy én tisztázom, van-e rendszer vagy nincs rendszer, hanem attól, hogy ne igényelje, hogy magára irányítsa a figyelmemet.

VÉDA: – Tehát ha valakinek egyfolytában hazudoznak, és a legkisebb igény sem merül fel benne, hogy a másik hagyja ezt abba és megbeszéljék az igazságot, akkor az ilyen ember az, aki nem manipulálja a másikat. A közömbös ember, akit semmivel sem lehet felidegesíteni, totál érdektelen, már-már apatikus. Ha jól értem.

DR. ÁMON: – Nem jól érti. Az az ember nem állít csapdákat, aki már túllépett azon, hogy indulatos legyen, ha elutasítják, és tudomásul veszi, hogy az érzelmi kapcsolatot máshol kell keresnie. Szükséges az indulat, de aztán azon túl kell lépni.

VÉDA: – Mondjuk, elfogadom, van ebben valami. De attól még az igazság igazság marad. Itt a bíróságon is folyton a tényeket kutatjuk, és akkor gondolkodjak úgy, hogy a francba a tényekkel, nem fontosak egyáltalán, csak az, hogy én minél érettebb személyiséggé váljak?

DR. ÁMON: – Jól mondta, a tények itt számítanak a bíróságon, de maga hozzám nem azért jött, hogy objektív dolgokat kutasson. Saját maga miatt jött, nem így van?

VÉDA: – Így van, csakhogy akaratomon kívül felfedeztem valamit közben, amire nem számítottam, és fogalmam sem volt, hogy ilyesmi fog történni. Hozzátartozik az egészhez, mert így alakult, és ezen már nem tudunk változtatni. Persze le lehet tagadni...

DR. ÁMON: – Mondja, mi változna, ha azt mondanám, van rendszer?

VÉDA: – Büszke lennék magamra, egyrészt, hogy rájöttem, másrészt, hogy fel is használtam valamihez, ami nagyon jól sikerült.

DR. ÁMON: – Az előbb azt mondta, tudja, hogy van rendszer, akkor miért kell, hogy én elismerjem magának?

VÉDA: – Azért, hogy kimondja az igazságot. Határozottan megkönnyebbülnék, az igazság felszabadító. Ezen kívül azért, mert önhöz írtam az egész naplómat, kíváncsi vagyok, tetszett-e. Még sosem kaptam erről visszajelzést, pedig fontos a visszajelzés az életben, alakítja az embert. Ehhez képest úgy olvasott engem, hogy nem ismerte ezt el, az pedig olyan volt, mintha be lennék zárva magamba, holott tudtam, hogy nem vagyok bezárva.

DR. ÁMON: – Miért nem mutatta meg valakinek azt a naplót, ha fontos volt, mit gondol róla valaki más?

VÉDA: – Nem az volt a fontos, mit gondol róla valaki más, hanem hogy ön mit gondol róla, mivel önnek szántam, nem valaki másnak. A napló akkor keletkezett, amikor a mi kapcsolatunk tartott, abban a viszonyban, annak a hatására írtam. Olyan ez, mintha az újszülött gyerekemet a szomszédnak mutogatnám, arra pedig nem lennék kíváncsi, mit szól hozzá az apja.

DR. ÁMON: – Tényleg azóta sincs gyereke?

VÉDA: – Nincs, de erről nem akarok beszélni, és ne térjünk el a tárgytól.

DR. ÁMON: – Maga akarta. Akkor lefordítom a kérdését a rendszerrel meg a naplóval kapcsolatban, így szól: *Még mindig nem kellek magának?* Vagy így: *Kellek-e már önnek?* Most, hogy tudja, elválok a páromtól, felcsillant a remény! Erről van szó.

VÉDA: – Ez megint pusztán provokáció, igaz? Persze az én érdekemben, vagyis megjátszott.

DR. ÁMON: – Az igazság kimondására felhívás provokáció? Akkor a maga kérdése micsoda?

VÉDA: – Elmehetünk ilyen filozófiai magasságokba, csakhogy nem az a kérdés, önmagában mi tűnik provokációnak, hanem hogy milyen érzés áll mögötte, ez dönti el ugyanis, mi a provokáció.

DR. ÁMON: – És milyen érzés áll a maga kimondott és kimondatlan kérdése mögött? Szerintem ez az érzés a másoktól függés vágya.

VÉDA: – Tele van a világ tökéletes emberekkel, akik úgy képesek szeretni, hogy nincs is szükségük a másikra. Mindenki szent, legalábbis az igazi felnőttek.

DR. ÁMON: – Lehet cinikus, de ez nem visz előre.

VÉDA: – Jó, fejezzük be. Akkor most elmegy egyedül nyaralni két hétre? Valami tengerpart esetleg? Ilyenkor ez a szokás, mert amint visszajön az ember a nyaralásból, máris ott az új szerelem. Sőt már annak konkrét reményével megy el nyaralni. Tipikus.

DR. ÁMON: – Ez meg hogy jön ide?

VÉDA: – Csak kíváncsi vagyok, mennyire bír egyedül lenni az olyan ember, akinek semmi szüksége egy másik emberre. Persze már hónapok óta külön élnek, nyilván megvan az újabb nagy szerelem. Könnyen megy ez egyeseknek, másoknak nem annyira. Tulajdonképpen miért nem hivatkozik elfogultságra? Hiszen egy öntől függésben lévő, csapdákat állító, siránkozó páciens vagyok még mindig, most fejtette ki. Azonnal hozzájárulnék a kizárásomhoz, amint hivatkozik rá. Csak azért nem jelenti be, hogy még most is leckéztethessen?

DR. ÁMON: – Miért jelenteném be, ha a tárgyaláson úgy viselkedik, ahogy kell? Amiket felsorolt, nem érintik a hivatalos kapcsolatunkat.

VÉDA: – Csak egyet kérdezek még, aztán semmi többet. Tisztában van már azzal, igazából milyen nőre van szüksége? Egyáltalán létezik önnek megfelelő nő? És ha nem létezik, ez normális? Persze bizonyára nincs hozzá semmi közöm, csak kicsit furcsának találom, hiszen annyit tud írni a valódi párkapcsolatokról.

DR. ÁMON: – Látja, megint mellébeszél. Újra kapott egy viszszautasítást, amit maga provokált ki, és olyan indulatba jött, hogy vagdalkozik.

VÉDA: Biztosan talál olyan nőt végre, aki rettentően kicsiszolt, naponta egzecíroztatja saját magát, hogy el ne lustuljon, tökéletesen önálló, és egyfolytában ragyog. Rengeteg ilyet találni. Az, hogy mit és főleg milyen mélyen érez ön iránt, huszadrangú kérdés. Az is, hogy soha semmilyen nehézséget nem kellett kiállnia az önnel való kapcsolatban, arról nem is beszélve, volt-e már nehézség egyáltalán az életében. Sőt az sem számít, hogyan viselkedne az enyémhez hasonló helyzetben. Kit érdekel? Az nem ez a szituáció. Csakhogy sosem lesz megmérettetve!

DR. ÁMON: – Mondja, ha ekkora indulatok vannak magában, miért nem szabadul meg az ügyemtől?

VÉDA: – Mert ezek az *indulataim* nem érintik a munkámat. De megint eltér a tárgytól. Valami olyat mondtam, ami kínosan érinti?

DR. ÁMON: – Egyáltalán nem, csak nem értem, miért gondolja és érzi töretlenül, hogy csak akkor lenne boldog, ha én lennék, aki viszonozza az érzéseit.

VÉDA: – Ez nagyon egyszerű: mert csak önnek van mit viszonozni, más iránt ugyanis nem érzek semmit.

DR. ÁMON: – Még mindig szeret szenvedni?

VÉDA: – Még most sem szeretek, úgyhogy legyen szíves mondja meg, mivel tartozom ezért a tárgyalás utáni félóráért, és köszönjünk el egymástól.

DR. ÁMON: – A rendelőmben kell fizetni, ha kér időpontot.

VÉDA: – Akkor viszontlátásra!

DR. ÁMON: – Viszontlátásra!

II.

VÉDA: Nem én választottam az utam, mindig az út választja az embert. Mindenki pontosan annyit dönthet el, rálép-e az útjára vagy kikerüli, ez a szabadság, nem több, nem kevesebb. Ő is rabszolga, vagyis függő, méghozzá sikerélmény-függő. Ettől még irigylésre méltó. Tőle meg lehet tanulni, hogy mindenki a saját tehetsége által keresse a sikereket. Nemrég nagyon fura dolog történt velem. Dobáltam a pénzérméket a Jóskönyvhöz, és kijött egy jel változókkal, ami a Kút jelévé alakult át. Fogalmam sincs, miért, de felírtam egy darab papírra, hogy Kút. Újra dobtam, és a szó alá húzgáltam a vonalakat. Ismét a Kút jött ki, de változó vonalak nélkül, és elolvashattam felette, amit előzőleg írtam oda. Kicsit megborzongtam. Ez a jel az ember mély valójának szimbóluma. Álmom is volt. Iszonyodom attól, hogy elváltunk, most jut el valahogy az agyamig. Ha a férjem álmomban megjelenik, körülötte a leesett testrészei vannak, de ez már horror.

A párbeszéd helyszíne egy pizzéria. Ámon négyéves körüli kislánnyal érkezik, Véda egy hároméves körüli kisfiúval. A gyerekek később eltűnhetnek a színről, csak a nevetgélésüket, vidám hangjukat hallani időnként.

1.

VÉDA: – Jó napot kívánok!

Dr. Ámon nem reagál a köszönésre, úgy néz Védára, mint egy idegenre.

VÉDA: – Nem ismer meg? A páciense voltam.

Dr. Ámon továbbra is közönyös.

VÉDA: – Doktor úr, ne tegyen már úgy, mintha nem ugranék be. Több mint két évig jártam a rendelőbe.

DR. ÁMON: – Tényleg, már emlékszem magára. Jó napot! Hogy van, Véda?

VÉDA: – Köszönöm, elég jól.

DR. ÁMON: – Most látom, nincs egyedül...

VÉDA: – Ő a barátnőm kisebbik fia, én vigyázok rá, és elhoztam a pizzériába. A kislánya?

DR. ÁMON: – Igen. Velem van a hétvégén.

VÉDA: – Kellemes időtöltést és jó étvágyat... akkor mi beljebb megyünk.

DR. ÁMON: – Jó étvágyat maguknak is.

2.

(A kislány odamegy Véda asztalához és cukrot nyom a kisfiú kezébe, barátkozni kezdenek egymással.)

DR. ÁMON: – Elnézést, hogy a lányom folyton idesündörög az asztalukhoz. Most már visszaviszem, meg sem ette a pizzáját.

VÉDA: – Ó, nem zavar minket. Különben is nagyon aranyos, hozott nekünk cukorkát. Jól összehaverkodtak a barátnőm kisfiával.

DR. ÁMON: – Barátkozó gyerek.

VÉDA: – És nagyon szeretne itt maradni...

DR. ÁMON: – Igen, ha csak kézen fogom, hogy elvigyem, már visít... De most aztán indulunk!

VÉDA: – Nem maradhatna még egy kicsit? Olyan jól megvannak, együtt eszegetik a pizzát is.

DR. ÁMON: – Ha nem zavar, végül is maradhat, de akkor áthozom a pizzáját, egyék meg azt is.

VÉDA: – Köszönjük. Nem foglal itt helyet?

DR. ÁMON: – Én??

VÉDA: – Igen. Ez sem erőszak, de a kislánya mellett a helye. Én is örülnék neki...

DR. ÁMON: – (még habozva) Teljesen át kell cuccolnom.

VÉDA: – Nem gond, arrébb pakolok kicsit... Kész is.

DR. ÁMON: – Maga mért nem eszik?

VÉDA: Még soha életemben nem bírtam megenni egy egész pizzát, itt meg szeletet nem lehet rendelni, de ettem a gyerekéből.

DR. ÁMON: – Én azért megeszem a pizzámat, a barátom szakács, ő sütötte, és ő készíti a legjobb pizzát a világon.

VÉDA: – Jó étvágyat!

DR. ÁMON: – Hány éves a kisfiú?

VÉDA: – Három. A kislány?

DR. ÁMON: – Négy.

VÉDA: – Nagyon szép. Milyen göndör a haja...

DR. ÁMON: – Miért nem szánja rá magát egy gyerekre?

VÉDA: – Legalább már nem bőgök a gyerek szótól.

DR. ÁMON: – Nem értettem, miért nem akart gyereket.

VÉDA: – Tényleg? Pedig azt hittem, tudja, csak nem mondja meg. Azt hittem, rá lehet jönni a probléma gyökerére is, ami a páciensnek még nincs benne a tudatában.

DR. ÁMON: – Ha tudnám, miért titkolnám el?

VÉDA: – Gondolom azért, hogy magamtól jöjjek rá, fontos, hogy ott tartson bennem. Így képzelem, de még nem értek hozzá eléggé.

DR. ÁMON: – A pszichológiával hogy áll? Elvégezte?

VÉDA: – Még van egy évem hátra. De valamit be kell vallanom... Egy ideje tudom már, mi volt a problémám oka. Ön addig gyötört, amíg hisztériába nem estem attól a szótól, hogy gyerek, majd pedig felszakadt az egész, átestem rajta. Most már sokkal jobban érzem magam.

DR. ÁMON: – Tudom.

VÉDA: – Mit? Hogy jobban érzem magam?

DR. ÁMON: Azt is, meg hogy világos lett magának, mi volt a régi problémája.

VÉDA: – Jó, de honnan?

DR. ÁMON: – Látszik.

VÉDA: – Hát ez kevés magyarázat, mert ha most nem futunk véletlenül össze, akkor nem látná, és biztos vagyok benne, hogy nem közömbös egy pszichiáternek, hol tart a páciense a gondjai megoldásával.

DR. ÁMON: – Magának nemcsak ez volt a problémája, hanem a párkapcsolata is, meg hogy nem született gyereke. Ezekkel nem jutottunk sokra, hiszen visszatáncolt az elvált férjéhez, gyereket meg nem szült. Ezt követtem nyomon, hogy mi lesz a vége, mert ez a fontosabb, nem a múlt problémái.

VÉDA: – Sosem értettem, hogyan hozhatnám helyre a jelenlegi életemet, ha hurcolom a múltam feldolgozatlan problémáit. A férjemmel már nem ugyanaz a kapcsolatom, amióta újra öszszejöttünk, mert felnőttebbek lettünk a válás miatt. Gyerekem nem lett, de ön is tudja, ennek az az oka, hogy nemrég dolgoztam fel, milyen gyermekkori komplexus állt a háttérben. Most sokkal kiegyensúlyozottabbnak érzem magam, normális párkapcsolatban élek, és egy csomó mindent csinálok. Például az is fontos, hogy azt tanulom, amit szeretek, és terveim vannak vele. Azt sem értettem annak idején, miért nem elismerésre méltó ez, hiszen saját magamat sem találtam, amikor felkerestem, aztán elkezdtem tanulni olyan dolgokat, ami érdekel, mert én vagyok. Ez nemcsak a pszichológia, rajzolok is és fényképezek.

DR. ÁMON: – Nocsak, örülök.

VÉDA: – Nem tudta?

DR. ÁMON: – Honnan tudtam volna? Nem mondta.

VÉDA: – A rendszer segítségével.

DR. ÁMON: – Milyen rendszer?

VÉDA: – Jó, hagyjuk. Csak megint nem értek valamit. Ha nagyjából rendben van az életem, úgy értem, ennél többet már nem hozhatok ki belőle, akkor miért nem lehet velem őszintén beszélni? Miért kell még mindig titkolózni? Vagy ez az örök egyenrangútlanságra kárhoztatottságom része?

DR. ÁMON: – Miről beszél? És hogy lenne rendben az élete? Nem szerelmes a párjába, most mondta.

VÉDA: – A szerelmi kérdésről elmondtam a véleményemet, biztos vagyok benne, hogy emlékszik rá.

DR. ÁMON: – Kiagyalt valamit a viselkedésének magyarázatára.

VÉDA: – Nem a viselkedésemet magyarázom, hanem az érzéseimet fogalmazom meg. De ha nem fogalmazom meg, akkor is tény, hogy senkibe sem voltam képes szerelmes lenni, ezt pedig aligha lehet megoldani jókedvvel, gondolkodással, vagy bármi mással. Úgy értem, ezektől sem leszek szerelmes valakibe.

DR. ÁMON: – Mert még mindig kivetít.

VÉDA: – Mit?

DR. ÁMON: – A függésvágyát.

VÉDA: – Aha, és ha teszem azt nem önre vetíteném ki, az máris szerelem lenne, igaz? A probléma tehát csak abban áll, hogy nem a megfelelő személyre vetítek. Hiszen folyton azt akarta, érezzek valamit valaki iránt, csak éppen az ne ön legyen, hanem bárki más.

DR. ÁMON: – Amíg az embernek nem megfelelően érett a személyisége, hibákat követ el. Átesett volna olyan kapcsolaton, amely a szerelem érzésére épül, de a függésvágy áll mögötte, és tanult volna belőle. A következő már másként alakulhatott volna.

VÉDA: – Milyen következő? Cserélgessem a partnereimet, hogy kellően felnőtté váljak? Nem igazán veszi be a gyomrom.

DR. ÁMON: – Én nem azt mondtam, hogy cserélgesse a partnereit, hanem hogy kövesse az érzéseit.

VÉDA: – Az érzéseimet sajnos nem követhettem, mert tabu volt, és pont ez az, ami miatt hiába vitatkozunk ezen. Képtelen voltam más személyre kivetíteni. Tessék, így jó a megfogalmazás?

DR. ÁMON: – Szétnézett már az étteremben? Megnézte az embereket, amióta itt ül?

VÉDA: – Nézelődtem, de hogy jön ez ide?!

DR. ÁMON: – Szemben ül egy pasas, és kitartóan bámulja magát. Nem vette észre?

VÉDA: – Észrevettem, de azt hittem, önt nézi, mivel felismerte.

DR. ÁMON: – Nem hiszem. Már azelőtt idenézegetett, hogy átültem magukhoz.

VÉDA: Jó, tegyük fel, engem néz. Miért ne nézhetne?

DR. ÁMON: – De magát nem érdekli. Legfeljebb legyezgeti a hiúságát.

VÉDA: – Eltalálta.

DR. ÁMON: – Korban megfelelőnek látszik, nő sincs vele.

VÉDA: – Ez azt jelenti, hogy mindenképpen örülnöm kéne? Nem tetszik a pasas.

DR. ÁMON: – Látja, így szalasztja el a lehetőségeket. Elmennek maga mellett.

VÉDA: – Talán most oda kéne mennem hozzá, és beszélgetni, vagy jeleket leadni, hogy ő jöjjön ide? Minek, ha előre tudom, hogy nincs értelme?

DR. ÁMON: – Honnan tudja előre? Ez a baj, hogy ilyen zártan viselkedik, fél a lehetőségektől, a kihívásoktól.

VÉDA: – Lehetek kegyetlenül őszinte?

DR. ÁMON: – Csak tessék, ha nem bánja meg.

VÉDA: – Nem fogom. Szóval itt ülök egy asztalnál életem szerelmével, akit három éve nem láttam, mégsem tűnt el az érzéseimből, és akkor az kellene érdekeljen engem, hogy egy vadidegen pasas pillantgat felém egy másik asztaltól?! Nem fog menni.

DR. ÁMON: – Menjek el? Máris megyünk... *(szedelőzködni kezd)*

VÉDA: – Akkor sem fog menni; nem azon múlik, hogy a következő pillanatban már nem ülünk itt együtt.

DR. ÁMON: – Min múlik?

VÉDA: – Azon, hogy nem érdekel a pasas, meg hogy másba vagyok szerelmes.

DR. ÁMON: – Szóval kihagyja az ismerkedés konkrét lehetőségét.

VÉDA: – Nem most először.

DR. ÁMON: – Így nem fogja megtalálni a párját.

VÉDA: – Bocsánat, de szerintem ez a mondat önmagában ellentmondásos. Ugyanis ön szerint egyetlen párja van az embernek. Ha ez így van, csakis eleve elrendeléses alapon lehetséges, tehát nem múlik rajtam semmi.

24

DR. ÁMON: – Ha gondolja, hogy az okoskodással többre megy, csak csinálja.

VÉDA: – Olvastam valahol, ha egy találkozás megérett, akkor létrejön anélkül, hogy bármit is tennénk az érdekében. Tehát például olyan szándékkal, hogy mint pasitól akarok valakitől valamit, még csak be se kell fondorlatoskodnom magam hozzá.

DR. ÁMON: – Hogy érti?

VÉDA: – Csak úgy, hogy nem kell keresnem a lehetőségeket, sőt aki nekem nem jön be, az nem is lehetőség.

DR. ÁMON: – Agyal, ahelyett, hogy élne.

VÉDA: – De nem tudja megcáfolni, amit mondtam.

DR. ÁMON: – Nem is akarom, nem kell megcáfolnom.

VÉDA: – Miért nem? Szerintem minden megfogalmazható olyan elmélettel, ami kikezdhetetlenül igaz. Ön is folyton elméleteket alkalmaz a munkájában, az előadásain, könyveiben is, ennek ellenére úgy gondolja, hogy fölösleges szavakat használni, csak a viselkedés a fő. Akkor miért él a szavakból?

DR. ÁMON: – Én nem a cselekvés helyett használom a szavakat, mint maga.

VÉDA: – De mégiscsak használja. Különben én sem helyette, csak nem csinálok olyasmit, amit már elméletben sem tartok igaznak, mert nincs benne logika.

DR. ÁMON: – Nem attól a párja valakinek egy másik személy, hogy eleve el vannak egymásnak rendelve, hanem megtalálják a másikat, mint hasonló embert, és összecsiszolódnak.

VÉDA: – Na de akkor miért csak egyetlen van belőle? A rengeteg hasonlóból jó néhánnyal össze lehet csiszolódni, és máris a párom lesz bármelyik.

DR. ÁMON: – Ha már valakivel ezt megtettem, nem kell tovább keresgélni.

VÉDA: – Akkor miért vált el a párjától?

DR. ÁMON: – Nem volt a párom, tévedtem.

VÉDA: – De annak nevezte. Pedig úgy látszik, minden csak utólag dől el, ha beigazolódott.

DR. ÁMON: – Pontosan, a próbatételek során.

VÉDA: – Tehát nem eleve elrendelve, hanem utólag. Pont fordítva, mint ahogy én gondolom.

DR. ÁMON: – Ez az én igazságom, de maga nyugodtan gondolhatja másképp.

VÉDA: – Tehát mindenben csak a halálos ágyunkon lehetünk biztosak, amikor már nem változhatnak a dolgok, és nem derülhet ki, hogy a párom nem is a párom.

DR. ÁMON: – Ki van sarkítva, de igen.

VÉDA: – Rendben, akkor honnan tudja már most, hogy nem én vagyok a párja? Hiszen csak abban lehet biztos, hogy jelenleg nem derült ki, én vagyok-e a párja.

DR. ÁMON: – Még azt állította, hogy nem jogászi gondolkodású! Így csűrni-csavarni én nem lennék képes...

VÉDA: – Ez kitérő válasz?

DR. ÁMON: – Miért nem ügyvédkedik? Ideális szakma magának.

VÉDA: – Tehát nincs válasz.

DR. ÁMON: – Nézze, most ugyan nem a rendelőben találkoztunk, de ettől még számít a korábbi orvos-beteg kapcsolatunk.

VÉDA: – Meg sem akart ismerni, most meg az a fontos, hogy a páciense voltam. Holott én kezdettől csak egyetlen dologra vagyok kíváncsi, és szerintem éppen ezért nem minősíthető erőszakosnak a viselkedésem. Nem a másféle kapcsolatot erőltetem ugyanis, csak arra szeretnék egyszer választ kapni, hogy egyáltalán nem jövök be önnek, vagy arról van szó, hogy az egykori szituáció hatalma örökké tart?

DR. ÁMON: – Ez a fontos magának?

VÉDA: – A legfontosabb. Hogyan zárhatnám le enélkül magamban, amit érzek, hogyan tekinthetném eleve reménytelennek? Amíg erre nem kapok választ, nincs mibe belenyugodnom. Mindegy, hogy egyik esetben sem lehet köztünk másféle kapcsolat, mert a lényeg az, miért nem; ezen múlik minden számomra, a lelki nyugalmam. Bármelyik esetbe bele tudok nyugodni, elfogadom, csak lenne mit elfogadni végre...

DR. ÁMON: – El is hinné, amit mondok? Néha az az érzésem, nem hisz nekem. Nem hiszi, hogy azt mondom, amit gondolok.

VÉDA: – Ebben igaza van. Sok-sok szándékos hazugságot kaptam öntől, ezért nem tudtam elhinni például azt sem, amikor azt mondta, a szituáció zárja ki a szerelmi kapcsolatot, meg hogy végleg, a szituáció utáni időkre is kizárja. Folyton abban bízom, egyszer vége lesz a hazugságoknak, hiszen már régen vége a szituációnak, ami indokolta azokat, és akkor majd elhiszem, amit mond. Azt hittem, ez a mostani már olyan helyzet, amiben igazat fog mondani, hogy legalább már ezt megérdemlem, de most is tagadta a rendszert, sőt úgy tesz, mintha nem tudná, miről beszélek. Úgy beszélget velem, hogy nem tudom eldönteni, a mostani alkalmat is a kezelésemre használja fel, vagy pedig saját magát adja, amilyen a magánéletben. Illetve van még egy harmadik lehetőség is: saját magát adja ugyan, de a volt kapcsolatunkra tekintettel kissé visszafogottan.

DR. ÁMON: – Ha ismerne engem, el tudná dönteni. Látja, nem is ismer, akkor miről beszél?

VÉDA: – Dehogynem, jól ismerem.

DR. ÁMON: – Az előbb derült ki, mennyire különbözően gondolkodunk például a pár fogalmáról. Maga szerint összeillik két különböző gondolkodású ember?

VÉDA: – Na tessék, most meg már ismerem?! Hiszen ha tudom, hogyan gondolkodik bizonyos dolgokról, akkor ismerem, nem igaz?

DR. ÁMON: – Bizonyos szempontból ismer, de az nagyon kevés.

VÉDA: – Nem én tehetek róla, hogy jobban nem ismerhetem meg. Senkit sem ismerünk kívül-belül azonnal és ránézésre. Másrészt pedig még az sem igaz, hogy különbözően gondolkodunk. Néhány kis különbség van, de nincs két egyforma ember, na meg az ellentétek is vonzhatják egymást.

DR. ÁMON: – Szerintem az élet lényeges kérdéseiben homlokegyenest ellentétes nézeteket vallunk.

VÉDA: – A fenét. Ugyanazt gondoljuk, csak a másik oldalról közelítve fogalmazzuk meg.

Dr. Ámon csodálkozva néz.

VÉDA: – Itt van a párkérdés. Mindketten azt valljuk, csak egyetlen van az életben, bár én nem párnak, hanem szerelemnek nevezném, de ez másodrangú kérdés. Mint ahogy az is az, sorsszerűen kell-e vele találkoznunk, vagy pedig tudatosan kihalásszuk valahonnan. Lényegében ugyanarról beszélünk, nem vette észre? Persze most az jön, hogy csapdát akarok állítani, azért beszélek így. Ezt a legkönnyebb odavágni, hiszen valami igazság mindig van benne. Egyébként az nem csapda, ha nem azt mondom, amit gondolok, meg ha elhallgatom az igazi szándékomat?

DR. ÁMON: – Szerintem egyenrangú szituációban az, egyébként nem feltétlenül.

VÉDA: Nem önre céloztam, hanem a volt párjára. Amikor megkereste *javaslatért*. Én meg biztosan hülye vagyok, igaz? Már bocsánat, de ön is. És kétségtelenül egyenrangú szituáció volt, egyenrangúbb már nem is lehetett volna, hiszen nem kért előtte időpontot, ezzel máris egyenrangú partnerré téve magát. Ez persze cinikus megjegyzés volt részemről. Az öszszetalálkozás spontaneitásáról ugyancsak vitatkoznék, pedig mint tudjuk, az is fontos. Csak éppen megint az a kérdés, mit értünk pontosan alatta. Nyilván azt, amit éppen szeretnénk, önigazolásként, és ez alól senki sem kivétel.

DR. ÁMON: – Ha jól értem, elfogadná, ha azt mondanám, nem jön be nekem, ezért nincs esély a kettőnk kapcsolatára, de ha azt mondanám, hogy a szituáció zárja ki mindörökre, hogyan, miért tudná elfogadni? Azt mondta, abba is belenyugodna, holott eddig sem nyugodott bele.

VÉDA: – Eddig azért nem nyugodtam bele, mert nem tudhatom, igazat mondott-e. Ha kétséget sem hagy afelől, hogy igaz, akkor belenyugszom.

DR. ÁMON: – Nem értem, miért nyugszik bele, hiszen akkor csak az a szemét szituáció akadályozza a szerelmet, ez pedig nagyon igazságtalan, nem?

VÉDA: – Nem éppen, ugyanis ha ön egy olyan ember, aki fontosabbnak tart egy szituációt, mint az érzéseit, és kihagy egy lehetőséget egy olyan helyzet miatt, ami már nem is létezik, akkor végre ráeszmélhetek, mennyire különbözően látjuk a világot, mert ez tényleg olyan lényeges különbség kettőnk között, ami már nekem is számít, vagyis egy ilyen ember nem kell nekem.

DR. ÁMON: – Láthatja, hogy az elmúlt években sem közeledtem magához, ezek szerint olyan vagyok, aki a szituációt annyira fontosnak tartja, hogy az mindent felülmúl, mert a viselkedésemből vagy ez következik, vagy pedig az, hogy nem jön be nekem, és azt mondta, hogy mindkét esetet ugyanúgy el tudja fogadni.

VÉDA: – Csakhogy valami nem hagy nyugodni. Mit gondol, miért feszegetem annyira azt a rendszert?

DR. ÁMON: – Nem tudom. Miért?

VÉDA: – Mert ha még mindig benne vagyok, az azt jelenti, fennáll az eredeti szituáció. A fennállása pedig természetes, hogy minden mást kizár, ezt még én is így gondolom, csakhogy nem örökre zárja ki, ezt is gondolom, mert nem vehető el végleg senkitől semmilyen esély az egyenrangúságra. Nem a szerelemre gondolok, hanem hogy úgy bánjanak velem, hogy tisztán láthassak. Ha még benne tart a rendszerben, az magyarázat lehet a mostani kétértelmű és egyenesnek semmiképp sem nevezhető viselkedésére.

DR. ÁMON: – Szerintem nagyon fontos, amit most mondott. Nem kell magának válasz az utóbbi kérdésre, pontosan tudja.

VÉDA: – Ezt most vegyem úgy, hogy bevallotta, van rendszer és még benne vagyok?

DR. ÁMON: – Már elmondtam, amit akartam, magától függ, odafigyelt-e rá, és mit kezd vele.

VÉDA: – Oké, már megszoktam a talányokat, csakhogy én nem elsősorban erre a kérdésre várok választ!

DR. ÁMON: – Maga mondta, hogy összefügg a két dolog, tehát azt is tudja, hogy a másikra nem kap választ.

VÉDA: – Még...?

DR.ÁMON: – Majd elválik, de most már mennünk kell. (Gyorsan feláll a székről, kézen fogja a kislányt.) A gyerekek jól eljátszottak, és minden kaját elpusztítottak. Már fizettem is. Akkor viszontlátásra! (Eltűnnek.)

VÉDA (elképedten): – Viszontlátásra...

III.

VÉDA: Álmomban arról beszéltem egy idegennel, hogy létez-
nek azok az őrültek, akik megcsonkítják magukat, fizikai-
lag ártanak saját maguknak, például a kézfejükbe, ujjaikba
szögeket ütnek. Azt mondtam, azért csinálják, mert cölö-
pöket vernek a valóságba. Úgy értettem, csak ilyen módon
tudják megteremteni a kapcsolatot saját maguk és a realitás
között, így tudják érezni, hogy a világban vannak. Nem tu-
dom, honnan vettem, ilyet nem tanultunk, biztos hülyeség
is, de elég sajátos logikája van a magyarázatomnak. Megra-
gadott ébren lévő állapotomban.

*A párbeszéd egy kórház udvarán zajlik. Ámon egy padon ül, Véda az
épület kapuján kilépve megpillantja Ámont.*

VÉDA: – Jó napot kívánok!

DR. ÁMON *(felnéz):* – Jó napot!

VÉDA: – Nem zavarok? Észrevettem, hogy itt ül egyedül, és gon-
doltam, idejövök... Köszönni, meg pár szót váltani.

DR. ÁMON: – Nem zavar. De mit keres itt? Beteg?

VÉDA: – Nem, csak egy szűrővizsgálaton voltam. Már indul-
tam kifelé a kapun, amikor megláttam, hogy itt ül a padon...

DR. ÁMON: – Megműtötték a gyomorfekélyemet. Még nem en-
gednek haza, de már egy keveset mozoghatok meg levegőz-
hetek. Jó nézelődni.

VÉDA: – Bocsánat, ha tolakodó a megjegyzésem, de azt hittem,
önnek már volt ilyen műtétje, ezt olvastam a könyvében.

DR. ÁMON: – Pár éve valóban volt vele problémám, de az egy
másféle műtét volt.

VÉDA: – Jobbulást kívánok minél hamarabb!

DR. ÁMON: – Köszönöm.

VÉDA: – Nem tudom elhallgatni, nagyon megviseltnek látszik...
Nem érzi rosszul magát?

DR. ÁMON: – Csak azért van, mert nem aludtam, fájt a műtéti seb.

VÉDA: – Hozhatok egy kávét vagy valami üdítőt? Nagyon meleg van. Persze csak ha már szabad ilyeneket innia. Szívesen hozok bármit, van bent egy automata. Vagy hozzak esetleg vizet?

DR. ÁMON: – Épp az előbb gondoltam, hogy bemegyek egy pohár vízért...

VÉDA: – Ásványvíz jó lesz? Szénsavmentes? Hozom máris!

(Véda hozza a vizet és egy műanyag poharat, átadja Ámonnak.)

DR. ÁMON: – Köszönöm. Ha van kedve, üljön le egy kicsit.

VÉDA: – Szívesen... *(Leül.)* Nem hittem volna, hogy ilyen hamar találkozunk újra!

DR. ÁMON: – Én sem gondoltam, hogy beteg leszek, de túlhajtottam magam, és itt a következménye. Mibe került a víz és a pohár? Annyi pénz biztosan van nálam, oda is adom az árát.

VÉDA: – Százhúsz forintba, a pohár ingyen volt, de nem kell ideadni.

DR. ÁMON: – Dehogynem, nekem hozta. Tessék.

VÉDA: – Köszönöm.

DR. ÁMON: – Maga nem szomjas?

VÉDA: – Ittam a vizsgálat után. Jól sikerült a műtét?

DR. ÁMON: – Tökéletes munkát végeztek a kollégáim. A barátom vezette a műtétet, aki a legjobb az országban.

VÉDA: – A legjobb micsoda?

DR. ÁMON *(csodálkozva)*: – Sebész. Általában azok műtik az embert.

VÉDA: – Azt nem értettem pontosan, hogy az illető a legjobb sebész vagy a legjobb barátja, de már világos. Nem vár látogatókat? Akkor inkább megyek...

DR. ÁMON: – Most nem. A bátyám a családjával épp azelőtt járt nálam, hogy kijöttem ide, más pedig tudtommal ma nem jön.

VÉDA: – A párja sem?

DR. ÁMON: – Nincs párom.

VÉDA: – Hogy lehet? Már három éve elvált...

DR. ÁMON: – Volt azóta egy kapcsolatom, de vége, nem tartott sokáig. Mi a helyzet magánál? Még mindig a volt férj?

31

VÉDA: – Már nem... Illetve, nem tudom. Amikor két hónapja találkoztunk a pizzériában, még együtt voltunk, nem is gondoltam, hogy már csak nagyon rövid ideig. A múlt hónapban azt mondtam neki, hogy ha gyerekre vágyik, ne maradjon velem.

DR. ÁMON: – Ezt nem értem. Csak most vágyik gyerekre? Eddig nem akart?

VÉDA: – Mindig szeretett volna, de nemrég leesett nekem, milyen önző vagyok vele szemben. A barátnőm kisfia meg az ön kislánya valahogy megértették ezt velem. Mivel a férjem magától úgysem hagy el, felajánlottam neki, hogy elmehet, mert biztos talál olyan nőt, aki szül neki, és egymást is szeretik.

DR. ÁMON: – Kapott az alkalmon?

VÉDA: – Azt nem mondanám, de elgondolkodott. Most megint ott tartunk, hogy megpróbáljuk külön.

DR. ÁMON: – Sajnálja?

VÉDA: – Erre most nem szeretnék válaszolni.

DR. ÁMON: – Miért nem?

VÉDA: – A *miértre* feltétlenül válaszolnom kell?

DR. ÁMON: – Nekem ugyan nem feltétlenül, de nem beszélgetni jött ide?

VÉDA: – De, bár nem igazán rólam. És már megint jól benne vagyunk a dolgok közepében...

DR. ÁMON: – Ilyen a valódi beszélgetés, nem? De beszélhetünk az időjárásról is. Magától függ, mint ahogy az is, abbahagyja-e az előbbi mellébeszélő dumát, és bevallja-e az igazat.

Véda megriad, mint akit tetten értek.

DR. ÁMON: – Min csodálkozik? Azt gondolta, beveszem, hogy magát pont most kapta el a lelkiismeret a férje gyermektelensége miatt? Csak úgy, hirtelen gondolt egyet? Különösebb indok nélkül?

VÉDA *(indulatosan):* – Nem azért jöttem ide, hogy bőgjek!

DR. ÁMON: – Van nálam zsebkendő. De nem muszáj bőgnie. Akkor hagyjuk?

VÉDA: – Minek mondjam, ha úgyis tudja?

DR. ÁMON: – Saját maga miatt, megkönnyebbülne, én úgy gondolom. De ha nem akarja...

VÉDA: – Nem hiszem, hogy könnyebb lesz... Most már mindegy, elmondom. Úgysem tudok pillanatnyilag másról beszélgetni, mert megint belém vágott egy kést.

DR. ÁMON: – Kicsoda, én?

VÉDA: – Találkoztunk a múltkor, és feltámadt bennem, hogy nem bírok tovább szerelem nélkül élni egy kapcsolatban, inkább leszek egyedül, még az is jobb. De nem akartam veszekedést, vitákat a volt férjemmel, ezért előhoztam ürügyül a gyerektémát, ami olyan érv, hogy nem lehet rám haragudni, ha emiatt akarok szakítani, hiszen csak neki akarok jót.

DR. ÁMON: – Neki...

VÉDA: – Hát nem neki. Tessék, ennyi a kegyetlen igazság.

DR. ÁMON: – Ezt nem akarta elmondani? És ezért vagyok én késelő?

VÉDA: – Nagyon is. Tudta, hogy önnel függ össze az egész.

DR. ÁMON: – Tudja mi az a projekció?

VÉDA: – Még mindig kezelés alatt állok?

DR. ÁMON: – Úgy gondolja, most kezelem? Bent fekszem a kórházban, most műtöttek, még nem dolgozom. Én csak beszélgetek, mert idejött hozzám beszélgetni. Ennek során előjönnek fontos dolgok, főleg, ha a másik el is szeretné mondani.

VÉDA: – Én azonban átlag feletti képzelőerővel rendelkezem, ezért még azt is gondoltam, igaz, csak utólag, hogy a pizzériában nem is véletlenül futottunk össze. Megfordult a fejemben, hogy szándékosan alakította így az eseményeket, sőt még az is, hogy a kislány nem is az öné, tehát hogy kész átverés az egész.

DR. ÁMON: – Ezt most végképp nem értem. Hogyan tudnék ilyesmit szándékosan összehozni, ráadásul úgy, hogy véletlennek hasson? Nem vagyok isten. Na és miért mondanám más gyerekét a magaménak?

VÉDA: – Azért, hogy védje előlem az igazit azzal, hogy félrevezet. Az események alakításához szüksége volt egy gyerekre. Ha nem véletlenül találkoztunk, akkor van rendszer, és én még benne vagyok. Megrendezett egy jelenetet, nem most először csinált ilyet, melyben a kislány is csak szerepet kapott.

DR. ÁMON: – Hogyne, igaza van! Most pedig megrendeztem, hogy megműtöttek. Az orvosokat ne is kérdezze, beépített ember mind, azért vannak itt, hogy nekem statisztáljanak.

VÉDA: – Még ez sincs kizárva...

DR. ÁMON: – Ezt mondom én is. A rendszer által, ha jól értem a működését, pontosan tudtam, hogy ma vizsgálatra van időpontja, így gyorsan bejöttem a kórházba, előtte nem aludtam, hogy elég betegnek tűnjek, és természetesen mindenkit beavattam a tervbe, le ne bukjak véletlenül. Így gondolta?

VÉDA: – Igaz, hogy a friss műtéti sebet nem láttam, az lenne ugyanis számomra elég bizonyíték, persze csak ha megérinthetném, mivel oda is lehet sminkelve filmes eszközökkel, de igazából a mostani szitura nem gyanakszom...

DR. ÁMON: – Szerintem felelőtlenség.

VÉDA: ...de az már nagyon is lehetséges, hogy azért ült ki a padra, mert tudta, bent vagyok vizsgálaton, és azt akarta, észrevegyem, amikor jövök kifelé.

DR. ÁMON: – Közben pedig szuggeráltam, hogy elfordítsa a fejét jobbra...

VÉDA: – A bejárattal szembe nem tudott ülni, ott nincs pad. Adott egy kis esélyt a szerencsének is, így legalább még valóságosabbnak hat a *véletlen*.

DR. ÁMON: – Nem akarok belekötni a gondolatmenetébe, de szerintem több eszem lett volna; ha odamegyek az emeletre, ahol vizsgálták, úgy egészen biztos lehettem volna benne, hogy meglát.

VÉDA: – A nőgyógyászatra?! Tényleg nem lett volna feltűnő... Hacsak nem akarta meglátogatni a barátját, aki a legjobb nőgyógyász az országban.

DR. ÁMON: – Lépcsőmászás, mint rehabilitációs gyakorlat. Máris megvan az alibi.

VÉDA: – Nagyon vicces. Gúnyolódhat, de úgysem verem ki azt a fejemből, hogy szándékosan megrendezett bizonyos eseményeket. Ha nem is a legutóbbiakat, de egészen biztosan történt velem ilyen.

DR. ÁMON: – Érdekesen hangzik, de nem tudom, mi lenne a célja annak, hogy találkoztunk a pizzériában, vagy annak, hogy most.

VÉDA: – Például, hogy segítsen elmozdulni a holtpontról, a volt férjemmel vagy nélküle folytassam-e az életemet. Tudhatta, hogy nincs minden rendben, hogy dilemmázom ezen, és gondolta azt is, kell egy kis ráhatás. Ez volt a pizzériás randi, a mai pedig a megerősítés. Hátha elbillenek végre abba az irányba, hogy keresem a szerelmet, persze nem önnél, hanem a vakvilágban. Majd csak megtetszik már ennek a nőnek valaki! Ezt gondolhatta, meg hogy a férjemmel együttélés ennek gátja.

DR. ÁMON: – És ehhez használnék megrendezett szituációkat? Ugyan minek? Hiszen megmondtam magának, nem lesz boldog abban a kapcsolatban, de nem erőszakoskodom, egy idő után ilyenkor nem strapálom magam tovább, hanem tiszteletben tartom a döntését.

VÉDA: – Persze, megmondta, csakhogy az egyedül az észre hat, az meg nem elég. Kell egy kis érzelmi ráhatás időnként, annak is nagymestere, és műveli is rendszeresen, például megrendezett színjátékokkal...

DR. ÁMON: – Évekkel azután, hogy utoljára járt a rendelőmben.

VÉDA: – Ez nem kizáró ok. Ha követte titokban az életemet, könnyen megtudhatta, hogy megint válságba került a párkapcsolatom. Például abból is tudhatta, hogy beszéltem erről a barátnőmmel telefonon, és pont ilyenkor lehet a legeredményesebben kicsit beavatkozni. Felpiszkálja a szerelemre hajló érzéseimet a saját hatásával, és erre nálam megint átveszi a teljes uralmat a szív a fejem helyett. Persze ez is függ tőlem nagymértékben, hogy hagyom-e.

DR. ÁMON: – Én azt látom, hogy magánál beindult egy lényeges belső folyamat már évekkel ezelőtt, ami lehetővé tenné, hogy a viselkedésével is másképp álljon hozzá a dolgokhoz, mint azelőtt, de sokszor nem meri megtenni, amire vágyik, ezért támogatást szeretne kapni hozzá. Erre vagyok én alkalmas magának, ezért nem bír elszakadni attól, hogy még mindig fogom a kezét. Különben tudja, ki jutott magáról eszembe? A tizenkét apostol közül az, akit Tamásnak hívtak. Hallott róla? Ő az, aki nem hisz semmiben...

VÉDA: – Az előbb megint szóba hoztam, hogy feltételezésem szerint egy rendszert működtet, és annak segítségét is felhasználva bizonyos célzatos tevékenységeket folytat, akkor hogy lehet azt mondani, hogy nem hiszek semmiben? Amit elmondtam, abban hiszek, hogy igaz.

DR. ÁMON: – Nem ilyesmiben kellene hinnie.

VÉDA: – Mégis miben?

DR. ÁMON: – Mindenekelőtt saját magában, aztán a szerelemben, párkapcsolatban, gyerekvállalásban... Soroljam még? Szerintem nem szükséges.

Véda sírni kezd.

DR. ÁMON: – Miért sír?

VÉDA *(sírva)*: – Ha már bír lépcsőzni, fölöslegesen hoztam a vizet, mert nem segítettem vele semmit... saját magának is tudott volna hozni, nulla fáradsággal.

DR. ÁMON: – Nagyon kedves volt magától, hogy hozott vizet, ezért nem kell sírni.

VÉDA *(egyre jobban sír)*: – Miért lehetetlen, hogy... egy kicsit... hasznos legyek? Miért kell engem folyton megbántani?! De annyira, hogy úgy érezzem, a fal adja a másikat? Pedig én... csak azt akartam, örüljön annak, hogy nem kellett a vízért fáradnia ilyen állapotban, hogy örömet okozzak egy ilyen kis semmiséggel. Olyan rosszul nézett ki, azt hittem, alig bír megmozdulni, legalábbis nagyon fárasztó lenne. Akkor is szívesen hoztam volna, ha nem beteg, de soha nem akarok tolakodó lenni, úgy éreztem, most nem lehetek az... Nem értem, miért nem adhatok még egy pohár vizet sem?

DR. ÁMON: – Hogyhogy nem adhat? Az előbb adott.

VÉDA *(dühösen)*: – De nem volt rá szüksége! Csak színészkedik, és folyton átver.

DR. ÁMON: – Tényleg szomjas voltam, de ha megbántottam valamivel, akkor bocsánatot kérek. Különben, ha visszamenne a kórház épületébe, rengeteg beteg ember örülne, ha adna nekik vizet. Sokan közülük fekvőbetegek. Látja, nagyon egyszerűen hasznosnak érezheti magát.

VÉDA: – Erre ott vannak a nővérek.

DR. ÁMON: – Túlterheltek. Ők is örülni fognak, ha kapnak egy kis segítséget.

VÉDA: – De én önnek akartam segíteni a mostani helyzetben.

DR. ÁMON: – Már segített, sok embernek viszont még nem.

VÉDA: – Nem segítettem. az igazi segítséget tőlem el sem fogadná, már nem is áltatom magam. Kijózanodtam, amíg bőgtem, csak amikor idejöttem, megint kicsit elvesztettem a fejemet. A többi ember pedig most nem érdekel, különben is milyen furcsán jönne ki, hogy bemegyek egy kórterembe, és megkérdezem, ki kér vizet.

DR. ÁMON: – A segítséget nem kell megmagyarázni. A rászoruló nem foglalkozik olyasmivel, hogy spontán-e a helyzet vagy nem, egyszerűen elfogadja. Megérzik az emberek az őszinte segítséget és együttérzést.

VÉDA: – Éppen ez az, hogy nem lenne teljesen őszinte. A segítségnyújtás a segítőnek is örömet okoz, ha szívből csinálja.

DR. ÁMON: – Ezt mondom én is. Segít az ember valakinek, ettől máris jobban érzi magát, és így egyre őszintébben tud még több embernek segítséget nyújtani. A befektetett energia megtérül, csak el kell kezdeni.

VÉDA: – Úgy látszik, én nem vagyok elég fejlett lelkivilágú, mert nekem nem mindegy, kinek segítek, mert bárkinek segíteni az egy nagy hazugság.

DR. ÁMON: – Miért lenne hazugság?

VÉDA: – Mert nem áldoznék fel azért az emberért mindent. Nem lennék erre képes, ezért egy határon túl elutasítanám a legtöbbjét.

DR. ÁMON: – Akkor, ha ki akarnák használni?

VÉDA: – Nem feltétlenül csak akkor. Például, ha az utcán látok egy hajléktalant mínusz tíz fokban, akkor adhatok neki forró teát és bevihetem egy hajléktalanszállóra. Igen, de mi van akkor, ha nincs hely a szállón? Vigyem haza magamhoz? Vagy hagyjam ott azzal, hogy én mindent megtettem, ami tőlem telt? Utóbbi hazugság, hiszen akkor tennék meg mindent, ha hazavinném, és ha otthagyom, reggelre valószínűleg megfagy. Mégsem viszem haza, mert az már túl nagy áldozat, vagyis nem szeretem azt az embert, akkor minek segítsek neki egyáltalán? Így aztán a tea meg a szállón elhelyezés sem őszinte.

DR. ÁMON: – Nem értek egyet. A teától jobban lesz a fázó hajléktalan, és nem fagy meg, emellett azt is érzi, hogy valaki törődött vele. Maga pedig máris tett valamit, amitől jobban érzi magát.

(Mindkettőjük telefonja kis időkülönbséggel hangosan SMS fogadását jelzi.)

VÉDA *(zavartan és kissé visszahúzódva)*: – Hát lehet, nem tudom, majd gondolkodom rajta. De most már megyek, nem akarom feltartani.

DR. ÁMON: – Mi lesz most magával, hogy megint külön vannak? Van már konkrét terve?

VÉDA: – Persze. Már elköltöztem, egyelőre bérlek egy lakást, ha majd eladtuk a közöst, akkor veszek egy kisebb lakást, persze egy rosszabb környéken, mert csak akkor futja két lakásra a régi árából. De nem baj, így is hitelt törlesztettünk, és akkor sem lesz nagyobb a rám eső rész egy olcsóbb lakásnál, ha egyedül fizetem.

DR. ÁMON: – Ha van kedve, majd írja meg, hogyan alakulnak a dolgai, az e-mail-címem a régi, de ha nem emlékszik rá, megmondom.

VÉDA: – Emlékszem. Üzenetet kaptunk mindketten egy perccel ezelőtt, nem hallotta? Véletlenül pont egyszerre... *(leverten elfordul)*. Viszontlátásra!

DR. ÁMON: – Viszontlátásra!

IV.

VÉDA: A szemével elárult egy fontos infót, de csak a második alkalommal, akkor már mindegy volt, az érzéseim rég kialakultak. Elárulta, hogy hasonlítok valamelyik nőjére. (Elcsíptem a viszont-áttételét?? Ez vicces.) Nem tudtam megfejteni, melyikre, pedig sokat töprengtem rajta, végül az egyik régebbi feleségre tippeltem, aztán kiderült, hogy ez tévedés. Már tudom, hogy a szobájába betoppanó nőre emlékeztettem, aztán a saját szememmel is láttam, hogy hasonlít rám, mert benne volt az újságban, amikor elvette feleségül. Később elváltak, vagyis tévedett. Sokat gondolkoztam azon is, vajon tudna-e várni egy nőre, ha mondjuk sejteni vagy akár csak remélni lehet, hogy lesz köztük valami. Érdemesnek tart erre egyetlen nőt is? Vagy szerinte ha valakivel nem azonnal oké a dolog, akkor már sohasem jöhetnek össze? Mit ér meg neki egy nő, akit szeret? Volt már kicsit szerelmes, jobban szerelmes, és mindent felülmúlóan szerelmes? Ha igen, ez mitől függött? A nőtől, vagy csak a kapcsolatba fektetett energiától? Lehet-e mondjuk az a végső párja, akibe szerelmes ugyan, de nem minden addigi szerelmét felülmúlóan? És a szerelmen túlmenően megítéli, hogy melyik nő menynyire volt értékes ember? Kicsit úgy beszél erről a témáról, mint a zenebohóc: „Nem baj, van másik..." Nyilván fájt neki, amikor szakított valakivel, de nincsenek végtelen lehetőségek. Senkinek. Annak sem, aki millió jelentkezőből válogathat, mert ott vannak a saját érzései, azokat nem lehet végleg becsapni. Szerintem.

A beszélgetés helyszíne az orvos rendelője. Véda kopog, mielőtt benyit.

VÉDA: – Jó napot kívánok! Bejöhetek? Azt mondták, már elment az utolsó páciense.

DR. ÁMON *(egy pillanatig meglátszik rajta a meglepődés)*: ...

VÉDA *(élvezi a hatást, de leplezi)*: – Meglepő, hogy itt vagyok? Az asszisztense engedett be, mondtam neki, hogy már sokszor jártam itt, és most feltétlenül gyógyszert kell íratnom. Nem kötekedett, nagyon kedves volt. Ja, a mobilomat otthon hagytam, és nagyon figyeltem útközben, nehogy kövessen valaki. Volna néhány perce számomra?

DR. ÁMON *(még nem teljesen összeszedetten)*: – Miben segíthetek?

VÉDA: – Leülhetek? Nem akarom az idejét rabolni, de valamit szeretnék kérdezni.

DR. ÁMON: – Miből gondolta, hogy még itt talál?

VÉDA: – Nem gondoltam semmit, csak egyszer, amikor itt voltam időponton, megemlítette valakinek telefonban, hogy este nyolcig dolgozik. Reméltem, hogy most is addig tart a munkaideje, és szerencsém volt.

DR. ÁMON *(kezdi uralni meglepetését)*: – Üljön le, de gyógyszert nem írok.

VÉDA: – Nincs is rá szükségem, csak azért mondtam, hogy beengedjenek.

DR. ÁMON: – Miért jött?

VÉDA: – Kaptam öntől egy levelet, egy választ az én levelemre, de sajnos nem értem. Hosszadalmas levélváltásokba bocsátkozás helyett inkább idejöttem, így sokkal spontánabb. Szabad időpont csak hónapok múlva lett volna, nekem túl késő. Még friss a levélváltás, ezért abban reménykedem, hogy megvilágosodom, ha megbeszéljük, persze csak ha nem túl nagy kérés.

DR. ÁMON: – Kérdezzen, ha már itt van.

VÉDA: – Már kérdezem is. Megírtam önnek, hogy Tamás apostol mindenben hitt, amiről megbizonyosodott. Erre azt válaszolta, hogy „Önnek is hasonlókat kívánok!" Nem értem, mit jelent ez. Azt szeretném megkérdezni, hogy értette ezt a választ? Itt vannak a levelek, kinyomtattam, meg tudom mutatni. Tessék. *(Mutatja a leveleket.)*

DR. ÁMON *(nézi a papírt)*: – Mit nem ért ezen?

VÉDA: – Hogyhogy mit?! Nem látok összefüggést az én levelem és az ön válasza között, mintha nem is nekem írta volna, legalábbis nem erre a levelemre.

DR. ÁMON: – Pedig erre írtam, látja, itt van, hogy: Re! A küldés-fogadás időpontja is leolvasható...

VÉDA: – Legyen szíves, ne gúnyolódjon!

DR. ÁMON: – Megírta nekem, mit gondolt Tamás apostol, én pedig úgy gondoltam, ha az tetszik magának, akkor legyen hasonlóban része, ez van a levelemben. Erre volt kíváncsi?

VÉDA: – Nem cinikus kicsit ez a válasz? Úgy értem, levélben is meg most is.

DR. ÁMON: – Annak találja?

VÉDA: – Valami ilyesminek. Meg flegmának. Pedig én nem ilyen stílusban írtam önnek, akkor miért ezt érdemlem?

DR. ÁMON: – Pont azt érdemli, ahogy maga viselkedik. Ha cinikusnak meg flegmának érzi a válaszomat, nyilván azért van, mert saját maga az, aki cinikus és flegma.

VÉDA *(egyre indulatosabban)*: – Kifejtené ezt részletesebben? Mert végképp nem értem, hogyha egy három hónappal ezelőtti találkozásunk következtében írok egy levelet, akkor miért ilyen talányosan és lekezelően kell válaszolnia. Régebben még könnyebben toleráltam az ilyesmit, de már egyre sértőbbnek találom, mert egyre hosszabb az az idő, ami alatt nem adtam semmi okot arra, hogy így bánjon velem! Ugyanis, hogy viselkedem én?! Zaklattam valaha? Naponta levelekkel bombáztam? Megsértettem? Mit csináltam, aminek következtében mindig csak lealázást kapok?!

DR. ÁMON: – Maga most nagyon számonkérően viselkedik, ezt nem szeretem, mert árad belőle az erőszakosság. Megtenné, hogy kicsit lehiggad? Akkor normálisan tudunk beszélgetni.

VÉDA: – Ha kapok választ a kérdésemre, talán!

DR. ÁMON *(emeltebb hangon)*: – Maga szerint érdekel engem, mit gondolt Tamás apostol?! Ha érdekel, elolvasom a Bibliában, nem pedig levelezek róla olyan emberrel, aki nemrég szakított újra a férjével, és aki arról kellene, írjon, ha már rászánja magát a levélírásra, hogy milyen most az élete. Kijött-e már a gödörből? Tud-e nyitni újabb párkapcsolat felé, vagy még mindig be van savanyodva a magányába, de aki ehhez képest a levelében megint csak filozofál nekem! Ilyen levélre ilyen válasz. Nagyon is ezt érdemli!! Mi mást érdemel az ilyen?!

VÉDA: – Nem tudok soha jót csinálni, igaz? És semmit sem tudok jól csinálni.

DR. ÁMON: – Fáradt vagyok most ahhoz, hogy elkezdje itt sajnálni magát.

VÉDA: – Na persze, fáradt. De ha egy nagy mellű, ismeretlen nő toppant volna be kellően szűk pulcsiban, és csak a bárgyú hites vigyort látná a képén, mindjárt nem lenne fáradt! Főleg, ha még vágykeltően bájologna is. Annak még tanácsot adni sem fárasztó munkaidő után, sőt kellemes befektetés, amiből aztán az energia visszaáramlik, pláne azáltal, hogy a nőt meg is szabad kefélni!

DR. ÁMON: – Ha így folytatja, hamar kint találja magát az ajtón!

VÉDA: – Ugyan miért?! Vájkálok én a magánéletében?! Csak azt tudom, ami a könyvekben meg van írva. Azért ír könyveket, hogy legyen az embereknek saját gondolatuk meg véleményük, én meg az olvasója vagyok, aki szeret beszélgetni az íróval a műveiről.

DR. ÁMON: – Szerintem maga most nem teljesen józan. Mit ivott, mielőtt idejött, hogy bátrabb legyen?!

VÉDA: – Ásványvizet. Itt van a táskámban, kér??? (Kirántja a táskából az üveget, és magasra emelve felmutatja.)

DR. ÁMON: – Hazudik, mert mást is ivott, vagy bevett valamit. Nem beszámítható állapotban lévő emberrel nem társalgok, nem alkalmas rá. Menjen haza!

VÉDA: – Nem ittam semmit!! Soha nem iszom... Kábítószert sem tartok. Egyszerűen csak... ki vagyok borulva. (Zokog.)

DR. ÁMON: – Azt is látom. Most azonnal abbahagyja a hisztériát, és elmondja rögtön, mitől borult ki, vagy pedig befejeztük a beszélgetést!

VÉDA: – Mindenkim meghalt... Ki értene meg?! Eddig sem értett senki.

DR. ÁMON: – Most halt meg valakije?

VÉDA: – Úgyis tudná a rendszer által.

DR. ÁMON: – Tehát nem ezen van kiborulva. Nézze, Véda, felkeresett a munkahelyemen egy fárasztó nap végén bejelentkezés nélkül, ha nem mondja el végre, mi történt, marad az ajtó! Döntse el, de nagyon gyorsan!

VÉDA: – Pontosan tudja anélkül is, hogy elmondanám. Minek írjam meg?! Mindent tud. Sok éve nem lehetek egyedül, csak akkor, ha kikapcsolom a mobilt meg a számítógépet, de akkor is pontosan tudja, hol vagyok, még talán azt is, mit csinálok. Akkor minek kérdezi, hogy mi történt? Hogy bízzak így meg valakiben? Folyton csak hazudik!

DR. ÁMON: – Oké, már nyitom is...

VÉDA: – Át akarok ülni a másik székbe, az kényelmesebb, tegye el onnan a kabátját!

VÉDA: – Tegye el maga.

(Véda átül.)

DR. ÁMON: – Most jobb?

VÉDA: – Igen.

DR. ÁMON: – Akkor mondja?!

VÉDA: – Megismerkedtem valakivel.

DR. ÁMON: – Hol?

VÉDA: – Nem mondom meg, mert tudja.

DR. ÁMON: – Ha megint kezdi, és nem beszél, azonnal kidobom. Több esélyt nem kap!

VÉDA: – Egy utazáson. Madeirára mentünk mind a ketten. A repülőn mellettem ült.

DR. ÁMON: – És?

VÉDA: – Ugyanabban a szállodában laktunk. Vele sem volt senki.

DR. ÁMON: – Megtetszett magának?

VÉDA: – Igen.

DR. ÁMON: – Független?

VÉDA: – Elvált.

DR. ÁMON: – Akkor mi a gond?

VÉDA: – Meg...tettük.

DR. ÁMON: – Még az utazás alatt?

VÉDA: – Nem, már itthon. Tartottuk a kapcsolatot.

DR. ÁMON: – Mennyi idő telt el azután, hogy hazajöttek?

VÉDA: – Két hét, az alatt is találkoztunk.

DR. ÁMON: – Hol találkoztak?

VÉDA: – Moziban, parkban meg pizzériában. Az utóbbi után feküdtünk le.

DR. ÁMON: – Nem találok ebben semmit, ami nem normális. Hol a probléma?

(*Véda sír.*)

DR. ÁMON: – Miért sír már megint?

VÉDA: – Ugyanabban a pizzériában voltunk, ahol önnel találkoztam.

DR. ÁMON: – És akkor mi van?

VÉDA: – Nem vagyok szerelmes... belé.

DR. ÁMON: – Elhagyta a pasast?

VÉDA: – Igen.

DR. ÁMON: – Megharagudott magára? Bosszút állt? Zsarolja?

VÉDA: – Dehogy. Teljesen normális férfi. Nem bocsátom meg magamnak, hogy nem kell nekem.

DR. ÁMON: – Mi a foglalkozása?

VÉDA: – Gyógyszerész.

DR. ÁMON: – Pedig azok most kapnak visszamenőleg doktori címet, nem hallotta? Patikája van, vagy orvoslátogató?

VÉDA: – Az előbbi.

DR. ÁMON: – Az ilyenek mulyák, nem? Unalmas emberek.

(*Véda a meglepődéstől kizökken a sírásból.*)

DR. ÁMON: – Valami oka csak volt, hogy nem szeretett bele. Tényleg, akkor miért feküdt le vele?

VÉDA: – Mert bele akartam szeretni. És mert... a pizzéria után olyan hangulatban voltam.

DR. ÁMON: – Megbánta?

VÉDA: – Meg.

DR. ÁMON: – Aha, hát ilyen az élet. Végre elkezdett élni, nem gondolja?

VÉDA: – Nem érzem.

DR. ÁMON: – Pedig aki él, elkövet egy csomó hibát.

VÉDA: – Csakhogy én most érzem magam kurvának.

DR. ÁMON: – Most? Miért? Elküldte a pasast, és nem akar tőle semmit.

VÉDA: – Lefeküdtem vele szerelem nélkül.

DR. ÁMON: – Aztán belátta, hogy hibázott.

VÉDA: – De nem bírok megbocsátani magamnak.

DR. ÁMON: – Mit?

VÉDA: – Azt, hogy megcsaltam... az érzéseimet.

DR. ÁMON: – Milyen érzéseit? A volt férjével már nem voltak
együtt, sőt belé sem volt szerelmes, akkor nem értem.

VÉDA: – Ne kezdje...

DR. ÁMON: – Lefeküdt egy pasassal, akibe nem szerelmes. Na és?
Mással is megesik. Tanul belőle, és máskor nem csinál ilyet!

VÉDA: – De borzalmas volt!

DR. ÁMON: – A szex?

VÉDA: – Igen.

DR. ÁMON: – Miért? Durva volt a pasas? Az előbb azt mond-
ta, hogy normális.

VÉDA: – Nem volt szadista. Egyszerűen csak... *idegen*. Az egész
helyzet meg a pasi. Pedig már majdnem egy hónapja ismer-
tem, de nem ezen múlt. Riasztó élmény volt!

DR. ÁMON: – Mennyi ideig is kefélt a volt férjével, akibe szin-
tén nem volt szerelmes? Ennyi idő után nem csoda, ha egy
másik pasas szerelem hiányában szintén idegennek tűnik.

VÉDA: – De én nem leszek szerelmes senkibe.

DR. ÁMON: – Dehogynem, szerintem most van a legjobb úton
hozzá; már el mert menni egyedül nyaralni és ismerkedett.
Nem ez a pasas az igazi, na és aztán? Majd jön másik! És leg-
közelebb körültekintőbben dönti el, hogy lefeküdjön-e vala-
kivel. *(Sietősen felkel, és az ajtó felé indul.)*

VÉDA: – Miért állt fel a székről? Még egy kicsit szeretnék ma-
radni.

Dr. Ámon az ajtó előtt áll.

– Minek? Már elmondta, amiért idejött. Be kell zárnom a szo-
bámat, úgyhogy álljon fel maga is, és menjen haza.

Véda lassan, kelletlenül felemelkedik.

– Mivel tartozom? Kint már nem tudok fizetni.

DR. ÁMON: – Pedig csak ott adnak számlát, úgyhogy ezt most
hagyja.

VÉDA: – Ne nyújtsa a kezét, amikor megyek kifelé! Nem fogok
kezet fogni.

DR. ÁMON: – Miért nem?

45

VÉDA: – Mert attól tartok, megint elveszíteném a fejem.
DR. ÁMON: Haragszik rám talán?
Véda keze a kilincsen.
– Nem haragszom. Viszlát!
Bevágja maga mögött az ajtót.

MÁSODIK FELVONÁS

I.

Egy újabb álom. Te csak közvetve voltál benne, mégis hozzád kapcsolódik. Azt álmodtam, hogy el akartam felejteni az egész projektív szerelmet, ezért hazautaztam. Álmomban jó volt otthon, mert élt az anyám és normális volt a családi légkör. Egy buliba mentünk a barátnőmmel, emlékszem, mennyire elégedett voltam a kinézetemmel. Buszon utaztunk, közben mások is szálltak fel, akik szintén oda tartottak, ahová mi, és az egyik fiú megtetszett közülük. Egyre jobb kedvem lett, beszélgettünk a lányokkal. Ekkor megállt a busz, kinyitotta az ajtókat. A közelben lévő szórakozóhelyről zene szólt, ismert dal, az Édes kisfiam. Egyre szomorúbb lettem a zenétől, és úgy éreztem, nagyon sokáig ácsorgunk a megállóban, mert – nem tudom, miért – te jutottál eszembe. Sírni kezdtem, végül zokogni, teljesen összezuhantam, nyoma sem volt a korábbi jókedvemnek. Már nem érdekelt, hogy néznek, csak zokogtam egyre jobban összegörnyedve, és végül felébredtem. A valóságban nem sírtam, de percekig majdnem megfulladtam, alig kaptam levegőt, és úgy éreztem, a sötétség is nyom lefelé, súlya van.

A felvonás tengerparton, az első két beszélgetés közvetlenül a víz mellett játszódik. Véda a parton ül és álmodozva nézi a vizet, amikor Ámon megjelenik.

DR. ÁMON: – Jó napot, Véda!
Véda hirtelen kiszakad a révedezésből.
DR. ÁMON: – Nem akartam megijeszteni, csak erre sétáltam, és észrevettem magát. Nem volt nehéz, mert nincs itt egy lélek sem.
VÉDA: – Jézusom, hogy kerül ide?
DR. ÁMON: – Nyaralok. Gondolom, ahogy maga is.
VÉDA: – Nem ijedtem meg, csak meglepődtem. *(Próbálja összeszedni magát.)* Nagyon el voltam merülve, és nem számítottam

senkire...Pláne nem önre. Nem is vettem észre, hogy közeledik valaki – talán a szél miatt.

DR. ÁMON: – Erősen fúj. Nem fázik? Ez a strandruha nem lehet valami meleg...

VÉDA: – Fürdőruha van alatta, nem fázom... Szeretem, ahogy a széltől hullámzik a tenger.

DR. ÁMON: – Leülhetek?

VÉDA: – Tessék, van még hely a többi kavicson.

Dr. Ámon leül.

– Olvasni jött ide? Látok egy könyvet...

VÉDA: – Eredetileg igen, de aztán csak bámultam a vizet. Ne haragudjon, de mit keres itt?!

DR. ÁMON: – Nyaralok, mit keresnék? Hiszen már mondtam.

VÉDA: – Pont most és éppen itt?

DR. ÁMON: – A haverom kölcsönadta a nyaralóját, innen kétszáz méterre van.

VÉDA: – Ez komoly?

DR. ÁMON: – Persze. Maga is a közelben lakik?

VÉDA: – Másfél kilométerre, egy panzióban.

DR. ÁMON: – Miért nem ott nézi a tengert?

VÉDA: – Egyedül akartam lenni, és megtaláltam ezt a néptelenebb partszakaszt. Hoztam egy könyvet is... *(Keresgélni kezd.)* De hiszen a mobilomat nem is hoztam magammal! A szobámban hagytam.

DR. ÁMON: – Miért hozta volna? Az igazi kikapcsolódás az, ha telefonon sem zavarják az embert, nálam sincs.

VÉDA: – Akkor honnan tudta, hogy itt vagyok?!

DR. ÁMON: – Tudnom kellett volna? Tegnap este érkeztem, ma meg lesétáltam a partra. Maga az egyetlen ember, akit megláttam. Én is csodálkoztam, hogy itt futunk össze, de nem is olyan meglepő, hiszen kedvelt nyaralóhely közvetlen szomszédságában vagyunk.

VÉDA: – Tartok tőle, nem hiszem el, hogy ez véletlen. Tudta, hogy ide utaztam, igaz? Lekövették a telefonomat, ma meg itt követett valaki, és jelezte, hol vagyok.

DR. ÁMON: – Miről beszél? Csak nem megint az a rendszer! Hagyja már, teljes képtelenség, hogy azért mennék bárhova nyaralni, mert egy volt páciensemmel akarok találkozni. Pihenni jöttem ide.

VÉDA: – Nem zavarta meg a pihenését, hogy meglátott? Mert akkor felszedelőzködöm és elmegyek.

DR. ÁMON: – Ha tényleg menni akar, nem tartóztatom. De miattam nem kell, nekem jólesik, hogy tudok beszélgetni.

VÉDA: – Akkor miért ilyen lakatlan helyre jött kikapcsolódni?

DR. ÁMON: – A haveromnak itt van a háza, és átadta a kulcsot, mert ő máshol nyaral. Ez olyan ajánlat volt, amit nem lehetett kihagyni.

VÉDA: – Nem hiszek én az ilyen véletlenekben. Különben is túl sok már a véletlen... Előbb a pizzéria, aztán a kórház, most meg itt találkozunk *véletlenül*... Nem találja furcsának? Mert én igen.

DR. ÁMON: – Ha jól emlékszem, a kórház után még egyszer találkoztunk, amikor felkeresett a rendelőben, de már az is régen volt, legalább fél éve lehetett.

VÉDA: – Hét hónapja volt, és az sem véletlenül; szándékosan mentem oda. A többiről nem tudok nyilatkozni, illetve azok részemről véletlenek voltak.

DR. ÁMON: – Én is gyanakodhatnék, hogy maga tudta, a barátomnak itt van nyaralója.

VÉDA: – De nekem halvány fogalmam sincs a baráti köréről. Még ha ismernék is abból valakit, akkor sem tudhatnám, hogy az egyik barátjának itt van nyaralója. Egyébként sem szoktam nyomozni.

DR. ÁMON: – Pedig erről a haveromról éppen tudhat valaki, ha akar, mert ő a...

VÉDA: – Kitalálom! Ő a legjobb nyaralókölcsönző az országban. Vagy a világban?

DR. ÁMON: – Nem. Ő az egyik, aki rajta van a fotón az életrajzi könyvemben.

VÉDA: – Ja, akkor biztosan a legjobb barátja. Sajnálom, de így sem ismerem.

DR. ÁMON: – Kár, mert nem tudja, mit veszít, nagyon jó barátom.

VÉDA: – Ezután róla fogunk beszélgetni?

DR. ÁMON: – Dehogy, hiszen nem ismeri. Inkább örüljünk, hogy szépen süt a nap. Bár már nem sokáig, mert nagy vihar közeledik.

VÉDA: – Vihar? Miért jönne vihar? Szikrázik az ég.

DR. ÁMON: – Igen, de egyre erősebb a szél, és a tengerparton pillanatok alatt vihart tud korbácsolni. Majd meglátja, nemsokára zuhogni fog. Már akkor sem érne haza gyalog, ha most elindulna.

VÉDA: – Szerintem nem jön vihar, de ha mégis, legfeljebb megázom. Ha ön tart az esőtől, máris elindulhat a nyaralóba, az innen csak kétszáz méter, még biztos belefér.

Dr. Ámon fészkelődik.

– Egyedül nyaral? Nincs itt a párja?

VÉDA: – Milyen párom? Egyedül jöttem.

DR. ÁMON: – Ha jól emlékszem, egy gyógyszerésszel jött össze, akivel aztán persze szakított. Azóta nincs senki?

VÉDA: – Volt, most nincs.

DR. ÁMON: – Nahát, tényleg volt? Elmeséli? Mi lett vele, hogy már nincs?

VÉDA *(kéretve magát)*: – Elmesélhetem, de ha semmi újdonságot nem hall, köszönje a rendszernek.

DR. ÁMON: – Érdekel.

VÉDA: – Hát jó. Biztosan emlékszik, hogy a volt férjembe nem voltam szerelmes. Nemcsak a végén, hanem az elején sem, és amíg együtt voltunk, nem is tetszett meg senki. Persze a projekciómat leszámítva. És amikor másodszor is szétmentünk, jött az a kaland a nyaraláson, szintén nem volt szerelem. Ezek után úgy gondolkodtam, hogy ha képtelen vagyok beleszeretni valakibe most, úgy értem hosszú évek óta, akkor talán olyan emberrel kellene összejönnöm, akibe voltam már szerelmes. Ma már nem nevezném szerelemnek, de húszévesen annak neveztem. Felvettem a kapcsolatot ezzel az emberrel, és összejöttünk, de nem tartott sokáig. Ennyi az egész.

DR. ÁMON: – Miért nem tartott sokáig?

VÉDA: – Lehetetlen folytatni valamit, ami évekkel ezelőtt megszakadt. Ő sem ugyanaz már, és én sem vagyok ugyanaz. Persze eleinte ez nem számított, csak azt láttam, most végre megvalósulhat valami, amit akkoriban kihagytam az életemből. Volt pár rózsaszín hónap, de elmúlt.

DR. ÁMON: – Ki szakított?

VÉDA: – Mindketten. Nem volt szerelem.

DR. ÁMON: – Ez szomorú történet. És most mi lesz?

VÉDA: – Mi lenne? Nyaralok egyedül meg élek egyedül, befejeztem mindenféle keresgélést.

DR. ÁMON: – Eltemeti magát?

VÉDA: – Hagyjuk már ezt, többet úgysem próbálkozom párkapcsolattal. Egy életre elegem van az egészből.

DR. ÁMON: – Ezek csak nagy szavak, fogja még másképp gondolni.

VÉDA: – Legyen igaza. Én is kérdezhetek?

DR. ÁMON: – Persze.

VÉDA: – Egyedül jött nyaralni?

DR. ÁMON: – Igen.

VÉDA: – Jön a párja is ön után?

DR. ÁMON: – Nincs párom, de én nem adtam fel.

VÉDA: – Miért nem jött össze eddig?

DR. ÁMON: – Talán mert csak mostanában zártam le magamban a harmadik házasságomat, és nem is könnyű nekem az ismerkedés.

VÉDA: – Utóbbit nem hiszem el.

DR. ÁMON: – Pedig így van; az ismert embereknek mindig nehezebb, mert nagyon kevesen veszik észre bennük az embert.

VÉDA: – De néhány ezer jelentkezőből csak könnyebb kiválasztani azt az egyet, aki mégis látja, nem?

DR. ÁMON: – Az ember egyszer megcsömörlik a sok nő rohamától, és már nem is érdekli, melyik milyen.

VÉDA: – Mi a megoldás?

DR. ÁMON: – A megoldás mindig közelebb van, mint gondolnánk.

VÉDA: – Jó szöveg. Én is azt hittem, így jöttem össze az egykori szerelmemmel, csak éppen tévedtem.

DR. ÁMON: – Tényleg, mi volt a baj vele?

VÉDA: – Régen, amikor húszéves, naiv kislány voltam, még megszerezhette volna az uralmat felettem, de most már semmi esélye nem volt erre, csakhogy anélkül nem tud élni, így aztán nem passzolunk.

DR. ÁMON: – Látja azt a nagy viharfelhőt?

VÉDA *(ráébred a külvilágra):* – Hűha, tényleg! Mégis vihar lesz.

DR. ÁMON: – Már itt is van. Hozott ernyőt?

VÉDA: – Dehogy hoztam, csak a könyv van nálam meg ez a strandkendő, majd ernyőnek használom. Hát akkor örülök, hogy találkoztunk, most sietek vissza a szállásra.

DR. ÁMON: – Már ne induljon el, nagyon meg fog ázni! Jöjjön be az eső elől a barátom házába.

VÉDA: – Á, nem, ez eszembe sem jutott.

DR. ÁMON: – Persze, hogy nem magának, nekem jutott eszembe. Na, jöjjön!

VÉDA: – Köszönöm, de nem megyek.

DR. ÁMON: – Inkább bőrig ázik? Ha sokáig vitatkozunk, még odáig sem érünk el, mielőtt rendesen zuhogni kezd.

VÉDA *(megingó elszántsággal):* – Ki van még a házban?

DR. ÁMON: – Rajtam kívül senki.

VÉDA: – Ez valami beugratás?

DR. ÁMON: – Miről beszél? Megvárja az eső végét, és utána szépen hazamegy.

VÉDA: – Jó, de most már siessünk!

II.

VÉDA: Tegnap álmodtam neked egy nőt. Láttam, amint várt rád, hogy együtt menjetek haza. Értelmes arca volt, de semmi extra, álmomban kíméletes voltam magamhoz. Kicsit gondterheltnek tűnt. Aztán megjöttél, odanyargaltál hozzá, és boldogan elsiettetek. Te voltál a boldogabb. Én meg elbotorkáltam a parkba a látvány súlya alatt, felültem egy pad támlájára, és vártam, hogy elmúljon a féltékenységem. Az marcangolt leginkább, hogy rám sem néztél, pedig ott álltam tőletek négy-öt méterre, az utca közepén.

VÉDA: – Ide ülhetek?

DR. ÁMON: – Á, maga az? Persze, terítse csak le a törülközőjét. Hogyhogy ma itt van?

VÉDA: – Tegnap nem akartam zavarni, biztosan a rendelő jut eszébe rólam.

DR. ÁMON: – Egyáltalán nem.

VÉDA: – Valóban? De hiszen nem tud velem úgy beszélgetni, hogy ne gondoljon az összes többi beszélgetésünkre, az meg önnek munka volt.

DR. ÁMON: – Itt nem gondolok a munkámra, de én is voltam munka magának a tárgyaláson, akkor maga sem pihen.

VÉDA: – Az teljesen más, nem tartott olyan sokáig, mint a korábbi kapcsolatunk, másrészt pedig sosem gondoltam úgy önre, mint feladatra, ebből a szempontból teljesen mindegy volt az a válóper.

DR. ÁMON: – Milyen szempontból nem volt mindegy?

VÉDA: – Csak úgy értettem, milyen furcsán jött ki, hogy én kaptam az ügyet. Bár a kettőnk kapcsolatában sok furcsa dolog van, mintha játszana velem valami felsőbb hatalom, sokszor nagyon gonosz tréfát űzve.

DR. ÁMON: – Hogy érti?

VÉDA: – Tényleg meg kell magyaráznom?

DR. ÁMON: – Nem ártana.

VÉDA (gyötrődve mondja ki): – Hogy csak a leggonoszabb tréfát említsem, véletlenül nagyon hasonlítok a volt feleségére. A tárgyaláson úgy néztünk ki, mint két testvér. Nem tűnt fel?

DR. ÁMON: – Valóban hasonlóak a külső vonásaik, de belül egészen mások.

VÉDA: – Amikor legutóbb beestem a rendelőbe, nem lehettem túl meggyőző...

DR. ÁMON: – Bárkinek lehetnek rosszabb napjai.

VÉDA: – De kimondottan azért kerestem fel, hogy önre zúdítsam a problémámat.

DR. ÁMON: – Már akartam kérdezni, tulajdonképpen miért
jött oda?

VÉDA: – Igazából azért, mert úgy akartam betoppanni, mint
egykor a volt felesége. Hülyeség, de sosem tudtam megbo-
csátani önnek, hogy bedőlt ennek a teljesen átlátszó rafiné-
riának; még nekem is feltűnt, hogy színjáték volt, pedig csak
az életrajzi könyvben olvastam róla. Lehetek még őszintébb?

DR. ÁMON: – Hogyne.

VÉDA: – Az a nő egyáltalán nem okos, csak beképzelt. Az ilye-
nek mindig önbizalomtól sugárzónak tűnnek.

DR. ÁMON: – Hibát követtem el, tudom.

VÉDA: – Na igen, de mikor jött rá? Évekig együtt éltek, kicsit sú-
lyos hiba...

DR. ÁMON: – A fontos az, hogy megbocsássunk magunknak,
meg hogy levonjuk a következtetéseket.

VÉDA: – Igen...

DR. ÁMON: – Kérdezhetek valamit?

VÉDA: – Persze.

DR. ÁMON: – Miért fogyott ennyit? A rendelőben is feltűnt,
hogy vékonyabb.

VÉDA: – Biztosan az idegeskedéstől a szakítások miatt.

DR. ÁMON: – Eszik eleget?

VÉDA: – Igen, utoljára húszéves koromban éheztem hiúságból.

DR. ÁMON: – Van kedve ebédelni?

Véda meglepődik.

DR. ÁMON: – Találunk a közelben éttermet.

VÉDA: – Bocsánat, de hogy értsem?

DR. ÁMON: – Ebédidő van, úgy vettem ki a szavaiból, hogy szo-
kott ebédelni, és folytathatnánk a beszélgetést.

VÉDA: – Rendben, de nincs meghívás.

DR. ÁMON: – Akkor megyünk?

VÉDA: – Akkor igen.

III.

VÉDA: Leírom, mit álmodtam tegnap. Elmentem egy tanfolyamra, talán a Jungra, mert jegyzetfüzet volt nálam. Amikor szünetet tartottak, bejöttél, és közölted, hogy menjek veled, mert beszélni akarsz velem. Nem is veled kellett mennem, hanem ekkor és ekkor egy megadott helyre, legyek ott, ezt mondtad, majd elmentél. Egy épületbe kellett bejutnom, ahová csak engedéllyel lehetett bemenni. Mondtam, ki hívott ide, hát beengedtek. Folyosókon haladtam, és egyszer csak jött egy kis fehér, bongyor szőrű kölyökkutya, felvettem a kezembe, úgy mentem tovább. Elértem egy teremszerű szobához, ahová be is nyitottam, és elengedtem a kutyát. Emberek voltak bent, meg egy hatalmas ágy. (Nem tudok elszakadni az ágyjelenetektől...) Megérkeztél, leültél az ágy szélére, szemben ültünk egymással. Majd átváltoztál, teljesen más lett a kinézeted. Egy testes, rövid hajú férfi lettél, de végig tudtam, te vagy az. Ezután közölted, azért hívtál ide, hogy elmondd, ne folytassuk a kapcsolatunkat – az orvos-beteg kapcsolatra értetted, álmomban sem volt köztünk másféle viszony –, mert a barátnődnek nagyon elege van az én rajongásomból. Nem lepődtem meg azon, amit mondtál, mert semmi reményteli várakozással nem mentem a találkánkra, inkább arra voltam felkészülve, hogy olyat hallok, aminek nem fogok örülni. Elkezdtem bólogatni, hogy értem és jól van, fejezzük be. A hajam az arcomba hullott, el is takarta. Két kérdést szerettem volna feltenni neked. Megengedted. Elsőként azt kérdeztem, tényleg nagyon hasonlítok-e a barátnődre. Azt válaszoltad, hogy igen, és elővettél egy fotót a barátnőről, megmutattad. A képen a nő szőke volt és buja, mégis megállapítottam magamban, hogy valóban a hasonmásom. Álmomban ez totál logikus volt, mert álmaimban ilyen szőke nő szoktam lenni, talán az árnyékom. Erre kicsit elfordultam tőled, és már majdnem sírtam, úgy kérdeztem meg, hogy ha nem lenne barátnőd, kellenék-e neked. Erre is azonnal, hezitálás nélkül igennel feleltél. Még jobban elfordultam, és már nagyon sírtam. Csöndben néztek minket a teremben az emberek, másra nem emlékszem.

A szereplők az étteremből jövet a parton sétálva beszélgetnek.

DR. ÁMON: – Miért nem evett halat? Finom volt.

VÉDA: – Még mindig utálom a halat.

DR. ÁMON: – Meg kellene kóstolnia, nagyon omlós húsa van.

VÉDA: – Inkább nem, de szerintem én is jól választottam. Sétálunk?

DR. ÁMON: – Ha van kedve.

VÉDA: – Előtte szeretnék kérdezni valamit. Miért nem ráz már le?

DR. ÁMON: – Le kellene ráznom??

VÉDA: – Mi lesz, ha félreértek valamit? Projekciós vagyok...

DR. ÁMON: – Szerintem már nem.

VÉDA: – Nem hiszem el, hogy így gondolja. Másrészt akadályozom az ismerkedésben; ezen a parton van egy rakás csaj, válogathatna.

DR. ÁMON: – Pihenni jöttem ide, nem ismerkedni.

VÉDA: – Ezt sem hiszem el teljesen, de szívesen sétálok meg beszélgetek önnel, bár az is igaz, otthon ugyanezt nem tenném.

DR. ÁMON: – Hogy érti?

VÉDA: – Otthon nem mennék végig önnel sehol sem, csak itt, ahol nem ismerik, mert utálnám, ha megbámulnának.

DR. ÁMON: – Én is örülök, hogy itt nem ismernek fel.

VÉDA: – Azért biztos akad majd itt is egy-két rajongó.

DR. ÁMON: – Lerázom őket, megvannak erre az eszközök.

VÉDA: – Én is egy rajongó vagyok, plusz páciens, meg projekciós és... *(elhallgat)*

DR. ÁMON: – És?

VÉDA: – Elmebeteg.

DR. ÁMON: – Szerintem eltitkol valamit...

VÉDA: – Mit?

DR. ÁMON: – Nem tudom, de valamit eltitkol.

VÉDA: – Nem titkolok én el semmit. A szerelem nem normális állapot, szerintem sík elmebeteg állapot. Most is miért sétálok önnel? Jól át fog vágni, én meg jól tudom, mégis mást csinálok, mint amit akarok, mert azt csinálom, amit szeretnék.

DR. ÁMON: – Még mindig ez a szokása, hogy kettéválasztja, mit akar meg mit szeretne?

VÉDA: – Kettéválik magától, ebben a kapcsolatban teljesen külön úton jár a fejem a szívemtől. Másban már nem, ott van például a pszichológia, egybeesik az eszem döntése az érzéseimmel, meg sok minden másban is, kivéve a kapcsolatunkat.

DR. ÁMON: – Befejezhetjük a sétát, ha haza akar menni.

VÉDA: – Nem akarok hazamenni, beszélgetni szeretnék. Átestem azon a ponton, amikor még a józan eszemre hallgattam, már nem érdekel, legyek akármilyen hülye, legalább lesz mit megbánnom meg levonni a következtetéseket. Maradni akarok, amíg el nem küld, a terhére nem leszek, az biztos, mert akkor elmegyek.

DR. ÁMON: – Miért foglalkozik folyton azzal, hogy a terhemre van-e?

VÉDA: – Biztosan azért, mert berögzült. Mint páciens, csak időpontra mehettem, telefonon felhívni sem volt szabad. Amikor előadás előtt odaköszöntem, úgy tett, mintha fel sem ismerne, később viszont elmondta, mennyire megfigyelt ott engem meg a volt férjemet, még arra is emlékezett, mikor érkeztünk. Lényegében megközelíthetetlen volt. Most rengeteg időt töltünk együtt, ráadásul nyaralás közben, szinte nincsenek szabályok. Nem tudok csak úgy átváltani. Másrészt tényleg soha nem akartam zaklatni, csak éltem a lehetőségeimmel, azzal is azért, mert nem volt őszinte velem.

DR. ÁMON: – A rendszerre utal?

VÉDA: – Pontosan.

DR. ÁMON: – Azt feltételezi, folyton hazudok magának, mégis beszélget velem, nem furcsa ez?

VÉDA: Úgy érti, nekem kellene önt leráznom?

DR. ÁMON: – Például.

VÉDA: – De tudom, hogy az érdekemben hazudik, ezért nem vagyok megsértődve sem.

DR. ÁMON: – Hogy lehet valakinek az érdekében hazudni? Nem értem.

VÉDA: – A kezelésem egyik eszköze. A kapcsolatunkban nem hazudhat öncélúan, és egészen biztos, hogy van pozitív hatása, mert rengeteg változáson mentem keresztül, valamivel csak elérte. Talán ha nem tart egyfolytában ebben a kettősségben, mint az odaengedés-eltaszítás meg a segítés-átverés, akkor nem lettem volna elég motivált a változtatásokra. Nem értek ehhez, de sokat gondolkodtam már rajta. És szerintem még abban is segített, hogy ne vegyek mindent olyan vérkomolyan, nem rágódom annyit. Kivétel ez alól is a mi kapcsolatunk. Na meg ott vannak a paradoxonok.

DR. ÁMON: – Milyen paradoxonok?

VÉDA: – Régen mindig csak egy igazságot láttam meg mindenben, most meg valahogy mindennek az ellenkezője is igaz. Nincs egyoldalú igazság semmiben, de régebben meg voltam győződve arról, hogy csak egy igazság van.

DR. ÁMON: – Most azért sétál velem, mert várja, hogy átverjem annak érdekében, hogy tovább fejlődjön? Azt hiszi, itt is dolgozom, hogy soha nem szoktam kikapcsolódni? Hajlamosak az emberek ezt feltételezni rólam.

VÉDA: – Nem várom, hogy átverjen, de tudom, hogy így lesz, sőt így van. Mondtam már, eldöntöttem, hogy nem hallgatok az eszemre. Ha akkor a kritikus ponton összecsomagolok és hazautazom, a hátralévő életemben az rágott volna, miért nem maradtam, miért menekültem el. Így viszont valamilyen érzést biztosan át fogok élni, még mindig jobb lesz, mintha kikerültem volna. Az tényleg furcsa, hogy még itt is dolgozik, de ha belegondolok, mi mindenre képes a munkája miatt, annyira már nem meglepő, és össze is kötheti a pihenéssel.

DR. ÁMON: – Szóval egyfolytában résen van, mert fél tőlem?

VÉDA: – Soha egyetlen percig sem féltem öntől. Attól persze tartok, ami következik, és attól is, hogy fájni fog, amit átélek. Viszont én döntöttem el, hogy maradok, és minden pillanatban én döntöm el, hogy nem hagyom itt.

DR. ÁMON: – Elébe megy a jellemfejlődésnek?

VÉDA: – Elébe megyek az olyan megalázó helyzeteknek, mint amikor törölte az időpontomat, és így hiába mentem a rendelőbe, mert elküldtek. Szándékosan fájdalmat okozott. Bár inkább ébresztett, mert ott volt az enélkül is, csak szépen kihozta. Mindenkiből csak előhozza.

DR. ÁMON: – Ezt mindig ilyen világosan látta?

VÉDA: – Á, nem, most is csak ésszel látom világosan. Rájöttem, hogy egyáltalán nem haragudhatok önre, pedig szándékosan csinálta az egészet. Ettől még a mai napig fáj, de felismertem, hogy nem volt megalázó.

DR. ÁMON: – Mi fáj abban, ami nem megalázó?

VÉDA: – Valószínűleg a saját hülyeségem. Inkább ébredjek rá sokszor a saját hülyeségemre még akkor is, ha fájdalmas, mint soha ne legyek a tudatában. Túl korán vallottam be az érzelmeimet, és nem is a megfelelő formában. Én teremtettem olyan helyzetet, amiben azt a húzást meg lehetett velem csinálni, így aztán legfeljebb magamra lehetek dühös. Persze nagyon dühöngtem önre, és a mai napig szoktam, csakhogy mindig tudom, projekció.

DR. ÁMON: – A dühöngésnek van értelme?

VÉDA: – Elfojthatatlanná teszi az érzéseket, de leginkább annak van értelme, amit utána belát az ember.

DR. ÁMON: – Egy ilyen tisztán látó embert miért kellene tovább dühíteni, átvágni? Nem gondolja, hogy fölösleges?

VÉDA: – Nem tudom pontosan, miért akar átverni, de akar. Talán mert még nem tettem helyre a kapcsolatunkat.

DR. ÁMON: – Szerintem nem a belátással van már gondja, hanem a megbocsátással. Azért van tele fájdalommal, mert még nem bocsátott meg magának.

VÉDA: – Teljesen igaz, tényleg nem bocsátottam meg magamnak, de lehet, hogy addig nem is tudok, amíg el nem követek egy minden eddiginél nagyobb hülyeséget, mert az hoz majd olyan lelki állapotba, ahonnan elindul a megbocsátás, ehhez pedig kell valami letagadhatatlan kisülési pont. Ezért utazott ide, igaz?

DR. ÁMON: – Mit ért azon, hogy letagadhatatlan?

VÉDA: – Olyasmit, ami egyértelműen megtörténik. Mert mi történt az elmaradt időpont után? Dühöngtem, majd jött a belátás. Csakhogy úgy dühöngtem, hogy nem estem önnek dühömben. Nem csináltam semmi olyasmit, amit szégyellnem kellene. Persze voltak kisebb összecsapásaink, de egyik sem jelentős; konkrét szégyellni való eseményben nem csapódott le a személyén a projekcióm, így nem tudok magamnak megbocsátani, mert kell hozzá ez a lecsapódás, a projekció feszültségének kisülése. Csakis a projekció tárgyán csapódhat le, különben nem fogom megbánni, hogy megaláztam magam, ha nem érzek megbánást, akkor pedig nincs megbocsátás, mert hiányzik az előfeltétele.

DR. ÁMON: – És úgy gondolja, most van esély arra, hogy elkövesse ezt a fontos hibát?

VÉDA: – Ennél nagyobb esély még sohasem volt rá, de ezt ön is tudja, hiszen eleve ezért jött ide. Persze nem fogja bevallani, mint ahogy tagadja a rendszert, ahogy hazudozik más tényekben is, és ahogy egyik mondatával megerősít, a másikkal pedig megcáfol. Egyébként sokat gondolkoztam azon is, miért nem szembesít valamelyik naplós írásommal, némelyiktől biztosan jól elszégyellném magam, aztán rájöttem, ez mégsem lenne elég jó, mert a saját számítógépem magánügy, azt írok bele, amit akarok. Sohasem küldtem el önnek a naplómat, ezzel remekül tudnék érzelmileg védekezni. Ki mondta, hogy olvasson engem? Én ugyan nem! *(Ámon felé fordul.)* De elárulhatok valami kevésbé fontosat? Mert nem mondtam igazat.

DR. ÁMON: – Miben?

VÉDA: – Szeretem a halat. Csak azért nem eszem meg, mert olyan fóbiám van, hogy biztosan nem elég friss, és nincs veszélyesebb étel a halnál. Utálok ételmérgezést kapni. Szóval szeretem a halat, és még fejlődni akarok, hogy ne görcsöljek annyit: ha megmérgez az étel, hát megmérgez, így kellene felfogni, és enni, ami jólesik.

DR. ÁMON: – Ezzel teljesen egyetértek.

(Megállnak.)

VÉDA: – Találkozhatunk holnap is? Mondjuk, ennénk halat...

DR. ÁMON: – Jó, de legyen ebéd helyett inkább vacsora. Nyolckor?

VÉDA: – Rendben, akkor viszlát holnap.

IV.

VÉDA: Hónapok óta minden álmomban benne van az anyám, mindig él és mindig mellettem áll, támogat, de ez rémálom volt, és ebben kivételesen anyám nem szerepelt. Fogalmam sincs, hogy a kivetítést erősíti vagy a másikat, már nem is érdekel. Álmomban azt nyilatkoztad az újságban, hogy február harmadikán fog megszületni a gyereked. Volt fotó is rólad. Az újságot az apám mutatta meg, de hiányzott a kép alja, és kiderült, levágta a fotó alját, mert nem tetszett neki a lábad a képen. Elmentem felkutatni egy olyan lapot, ahol nincs elvágva a fotó, később már ez volt nálam. Közben elkezdtél mozogni a képen, ez már az én példányomban volt, a teljes alakosban. Beszéltél és elmondtad, amit a cikkben olvastam, a dátumon kívül még azt, mennyire készülsz a gyerekre és várod, meg ilyeneket. A képen egyszer csak lett egy ágy, amire lefeküdtél, az arcod alá tetted a két kezed. Az újságíró megkérdezte, miért fekszel le, mire azt felelted, hogy néha pihenni is kell. Ezután felültél, és tovább beszélgettél a gyerekről. Többre nem emlékszem. Végig a kezemben volt az újság, de közben már úgy néztem, mintha tévé lenne, valahogy megnőtt a cikk meg a kép is. Utálok az egészre visszaemlékezni. Még az ugrik be, hogy az apám újságja fekete-fehér fotós volt, de az enyémen már piros felső volt rajtad. Amikor felébredtem, órákig, sőt egész nap olyan volt, mintha igaz lett volna, mintha tényleg megtörtént volna. Még most is.

A helyszín egy bensőséges hangulatú étterem, esti félhomályban, esetleg gyertyákkal, mécsesekkel az asztalon. Véda kék ruhában, Ámon inge zöld.

DR. ÁMON: – Azt hittem, vörös ruhát fog felvenni.
VÉDA: – Ez az indítása a mai programnak? Miért foglalkozik azzal, mi van rajtam? Nagyon jól érzem magam a hűvös kékben, a tengerhez is illik, és pont megfelel egy félig gyógykezelő

találkozóra. És még hideg kék jégkockákat is fogok rendelni... Ezen mi a nevetséges?

Ámon cinikusan nevet.

DR. ÁMON: – Nem azt mondta tegnap, hogy el akarja veszíteni a fejét?

VÉDA: – Ó, azt önnek kell kiváltania belőlem. Egyébként lesz ma még vörös is. De komolyan, tulajdonképpen miért vacsorázunk együtt?

DR. ÁMON: – Miért ne vacsoráznánk? Azt gondolja, nem szoktam találkozni a volt pácienseimmel? Nem maga az első, akivel étterembe megyek. Rengeteg volt betegemmel alakult át a kapcsolatunk majdnem barátivá.

VÉDA: – Csakhogy én nem vagyok *volt* páciens, mert még mindig benne vagyok a rendszerben.

DR. ÁMON: – Így nem fog kikapcsolódni...

VÉDA: – Fog az menni, de miért akarja, hogy felengedjek? Beismeri, hogy azért jött ide, amit mondtam?

DR. ÁMON: – Én? Mit ismerek be? Csak azt ismételtem, amit magától hallottam.

VÉDA: – Muszáj mindig lepergetnie magáról minden kísérletemet az őszintesége kicsiholására? Olyan, mint egy fal, amiről visszapattannak a labdák.

DR. ÁMON: – Most jut eszembe, mintha a rendelőbe egyszer vörös ruhában jött volna. Vagy pulóver volt?

VÉDA: – Teljesen mindegy, milyen ruha volt rajtam, mert még félig sem volt magántalálkozó, mindig abban mentem, amit aznap kedvem volt felvenni. Egyébként milyen jól emlékszik...

DR. ÁMON: – Szóval nem volt benne üzenet? Üzi?

VÉDA: – Nem. Legfeljebb magamnak...

DR. ÁMON: – Minek üzenget magának?

VÉDA: – Minek kötekedik?

DR. ÁMON: – Én kérdeztem előbb. Szóval mit jelent a kék?

VÉDA: – Mondtam már: hűvösséget, józanságot. Kiegészítő színe a narancssárgának, ami a napfelkelte és a jóga színe. Úgyhogy a zöld inge miatt nem passzolunk egymáshoz. Akkor rendeljünk valamit!

DR. ÁMON: – Választott már?

VÉDA: – Azt kérek, amit ön eszik, de én fizetem, persze csak a magamét.

DR. ÁMON: – És mit iszik?

VÉDA: – Szintén ugyanazt, kivéve, ha alkohol.

DR. ÁMON: – Nem bízik abban, hogy önállóan is el tudja dönteni, mit egyen és igyon?

VÉDA: – El tudom dönteni, de ha elkezdek válogatni az étlapon, nem halnál fogok kikötni, ma viszont ételmérgezést szeretnék kapni. Szóval legyen szíves választani nekem, de nem akarom ezzel külön megterhelni, ezért tökéletesen megfelel, amit saját magának választ. Alkoholt nem kérek, viszont az üdítőbe sok jégkockát kérek, ennyi.

Ámon leadja a rendelést.

DR. ÁMON: – Megrendeltem. Megtudja, mit kap, ha kihozták.

VÉDA: – Köszönöm. Erre számítottam. De miért nem viselkedünk normálisan egymással? Nem lenne könnyebb?

DR. ÁMON: – Nem értem, teljesen normálisan viselkedünk...

VÉDA: – Csak ezért viselkedünk normálisan, mert relatív, hogy mi a normális.

DR. ÁMON: – Lehet, hogy maga görcsöl, én teljesen oldottnak érzem a hangulatomat. Olyan jól pihenek itt...

VÉDA: – Nem így értettem, de mindegy. Miről fogunk beszélgetni?

DR. ÁMON: – Amiről szeretne.

VÉDA: – Én mondjam meg? Miért?

DR. ÁMON: – Most a *miért-korszakban* van, hogy folyton így kérdez?

VÉDA: – Lehet, hogy a végén le fogom bőgni a szép sminkemet, de mindjárt az elején nem akarom a röhögéstől lesírni, úgyhogy ne így beszéljen! Főleg ne ilyen hangsúllyal.

DR. ÁMON: – Tényleg jó a sminkje. Szerintem mindent együttvéve megtalálta a magához illő stílusát.

VÉDA: – Tudom, de azért köszönöm. Persze csak ha tényleg így gondolja.

DR. ÁMON: – Komolyan mondtam.

VÉDA: – Akkor nézzen is úgy, hogy elhiggyem... Ne, inkább ne nézzen. Végre itt a kaja! Tetszik, szép a színe, a narancssárga dominál benne, biztosan a fűszerek meg a narancskarika miatt... talán curry is van benne. Szándékosan rendelt ilyen színűt?!

DR. ÁMON: – Mit számít az étel színe? Az a fő, hogy finom legyen, nem?

VÉDA: – Nemcsak az a fontos, ez nagyon jól néz ki.

DR. ÁMON: – Akkor jó étvágyat!

VÉDA: – Köszönöm, viszont. De mi ez?

DR. ÁMON: – Mit számít? Halból van, az a fő.

VÉDA: – Milyen halból?

DR. ÁMON: – Szerintem nem kellene ennyit rágódnia ezen, nem kötötte ki, milyen hal legyen, megbízott a választásomban.

VÉDA: – Akkor is megenném, amit választott, ha be lenne kötve a szemem.

DR. ÁMON: – Hogy ízlik?

VÉDA: – Isteni, bár még most sem tudom, mi ez, de már nem is érdekel, mert finom.

DR. ÁMON: – Na látja. Nos, van valami konkrét téma, amiről szeretne beszélni, vagy csak spontán érezzük jól magunkat? Beszéljünk arról, ami éppen eszünkbe jut?

VÉDA: – Eredetileg lett volna egy téma, de inkább beszéljünk arról, ami eszünkbe jut.

DR. ÁMON: – Meggondolta magát?

VÉDA: – Igen, mert egy komoly témára gondoltam, de szerintem már nem vagyok ráhangolva, túl viccesen kezdődött ez a találka.

DR. ÁMON: – Miről akart beszélni?

VÉDA: – Már kimondani sem tudom komolyan. Egyébként a szerelemről.

DR. ÁMON: – Mit lehet arról beszélni?

VÉDA: – Hát, hogy mit jelent a szerelem.

DR. ÁMON: – És mit jelent?

VÉDA: – Mondom, hogy nem vagyok ráhangolva.

DR. ÁMON: – Lehet, hogy csak túl komolyan veszi ezt a témát.

VÉDA: – Egyszer meg akartam írni levélben önnek, meg is írtam, csak nem küldtem el, de a mai napig megvan a levél.

DR. ÁMON: – Azt akarta elmondani, amit a levélben leírt?

VÉDA: – Tulajdonképpen igen, érdekel, hogy mit gondol róla.

DR. ÁMON: – A szerelemről?

VÉDA: – Igen.

DR. ÁMON: – Mit gondolok egy érzésről?

VÉDA: – Minden érzésről lehet valamit gondolni, sőt kell is. Ha nem gondolkodtam volna az érzéseimről, soha nem látom be, mi a projekció.

DR. ÁMON: – De nem kell túl sokat gondolkodni. Általában a szerelemről minek gondolkodni?

VÉDA: – Én *konkrét* szerelemről gondolkodtam.

DR. ÁMON: – Kibe volt szerelmes?

Véda sebzetten ingerült.

VÉDA: – Miért kezdi megint? Miért kell megnehezíteni?! Játszhatja a tudatlant, de akkor sokkal többet fogok kínlódni. Ugyanis nem akarok szerelmes lenni, ezért jöttem el vacsorázni.

DR. ÁMON: – Mi köze ennek a vacsorához?

VÉDA: – Nem önmagában a vacsorának van hozzá köze, hanem kettőnknek. Pontosabban az én érzéseimnek. Elegem van belőlük, rá akarok ébredni, hogy nem is vagyok szerelmes.

DR. ÁMON: – Úgy érti, belém?

VÉDA: – Úgy.

DR. ÁMON: – Még mindig szerelmes belém?!

VÉDA: – Tényleg befejezhetné... Nagyon jól tudja, hogy annak érzem magam, de csak projekciós szeretnék lenni.

DR. ÁMON: – Projekciós szeretne lenni? Nem értem az összefüggést.

VÉDA: – Azt szeretném, ha bebizonyosodna, hogy kizárólag projekciós vagyok, szikrányi szerelem sincs az érzéseimben.

DR. ÁMON: – Mi imponál magának a projekcióban? Úgy beszél róla, mint valami kitüntetésről, amit szeretne kiérdemelni. Dicsőség projekciósnak lenni?

VÉDA *(nevetés közben a szemét tapogatja)*: – Lejött a szemfestékem... Igen, a projekciót választanám, ha lehetne.

DR. ÁMON: – Ilyen hősiesen?

VÉDA: – Megtetszett nekem a projekció, mert ki lehet lábalni belőle és addig is vállalható, amíg benne vagyok. Miért ne lehetne projekciós egy pszichiáter páciense? Beszéljük meg, hogy teljes egészében projekció, amit érzek, és megnyugszom, mert akkor tudom, nem szenvedek miatta örökké, és azt is, hogy mit kell tennem ennek érdekében. Vagy bizonyítsa be, hogy kizárólag projekciós vagyok, ez lenne a legjobb.

DR. ÁMON: – Bizonyítsam be?? Hogyan?

VÉDA: – Én tudjam? Például csináljon úgy, mintha életveszélybe kerülne, és ha én nem fogok a magam feláldozása árán a segítségére sietni, egyből belátom, hogy nem vagyok szerelmes. Ilyen helyzetben ugyanis nem működik a hazugság; ha hagyom elpusztulni, akkor kizárólag projekciós vagyok. Persze nem kell meghalnia, elég megrendezni egy ilyen szituációt, vagy találjon ki más módszert a bizonyításra.

DR. ÁMON: – Amit említett nem lenne bizonyíték, életveszélyben mindenki ösztönösen saját magát menti, még a szentek keze is maguk felé hajlik, biztos hallotta.

VÉDA: – Szeretném kipróbálni, mint bizonyítékszerzési módszert. De ha nem, hát nem. Teljesen mindegy, mi a módszer, az eredmény a lényeg számomra.

DR. ÁMON: – Feltette már azt a kérdést, mit szeret bennem?

VÉDA: – Hogyne, százszor.

DR. ÁMON: – És megvan a válasz?

VÉDA: – Igen is, meg nem is. Nagyon jól meg tudom fogalmazni, mit érzek, még annál is konkrétabban, ahogy a levélben leírtam, de arra nincs válasz, hogy ugyanezt miért nem váltja ki belőlem valaki más.

DR. ÁMON: – Elmondja azt, amire megvan a válasz?

VÉDA: – Később.

DR. ÁMON: – Még ma este?

VÉDA: – Ha elmentünk az étteremből. Nem itt fogok bőgni mindenki szeme láttára.

DR. ÁMON: – Hol fog sírni?

VÉDA: – A parton. Miután ittam egy kis bort.

DR. ÁMON: – Azt mondta, nem kér alkoholt, mégis szeretne?

VÉDA: – Nem itt, majd az étterem után.

DR. ÁMON: – Hol fogunk borozni?

VÉDA: – A barátja házában. Láttam ott egy csomó vörösbort, biztos nem fog megharagudni, ha egyet megiszunk belőle.

DR. ÁMON: – Utána kimegyünk sétálni a partra?

VÉDA: – Valahogy így, persze csak ha beleegyezik.

DR. ÁMON: – Már eldöntötte.

VÉDA: – Csak felvetettem. Szeretnék desszertet is, és amíg megeszem, gondolkodjon rajta. Együnk mindketten, ezt majd én kiválasztom.

DR. ÁMON: – A barátom házának mi a szerepe ebben? Az étteremben is ihatnánk bort, és ha utána rögtön elmegyünk sétálni, nem itt fog sírni.

VÉDA: – Fontos a ház, majd ott elmondom, miért, de szerintem már ki is találta. Beleegyezik?!

DR. ÁMON: – Ha ennyire akarja, rendben, beleegyezem.

VÉDA: – Köszönöm. Akkor jöjjön előbb az édesség, kell egy kis szünet.

DR. ÁMON: – Miben kell a szünet?

VÉDA: – A szerelem-témában. Ennyit szántam belőle az étterembe.

DR. ÁMON: – Kérdezhetek még valamit a szünet előtt?

VÉDA: – Kérdezhet.

DR. ÁMON: – Miért kell alkohol ahhoz, hogy a szerelemről beszéljen? Nem lehet arról józanul beszélgetni?

VÉDA: – Egyrészt nem fogok berúgni, másrészt a bor nem ahhoz kell, hogy a szerelemről beszéljek, hanem hogy elkövessem azt a hibát, amit már régen el kellett volna. A projekcióm miatt kell a bor, a beszélgetés meg ahhoz kell, hogy bebizonyosodhasson számomra, nem vagyok szerelmes. Tehát előbb a beszélgetés a házban, utána kis iszogatás, majd a parti séta, így gondoltam. Természetesen elképzelhető, hogy már akkor sírni fogok, amikor még egy kortyot sem ittam, csak elkezdek vallani... Elég kellemetlen számomra a szerelemről önnel beszélgetni, de sajnos csakis önnel beszélhetem meg, másvalakivel nincs értelme.

DR. ÁMON: – Eltervezte azt is, milyen hibát fog elkövetni?

VÉDA: – Konkrétan nem, de szinte biztos, hogy teszek majd valami olyat, amit megbánok. Ezt nem lehet eltervezni, különben is, akkor nem lenne spontán. De nem kell aggódnia, csak magamhoz képest lesz nagy hiba, nem fogok ártani senkinek, még magamnak sem, ismerem ennyire magamat. És bízom abban, hogy nagyon jól tudja kezelni az ilyen helyzeteket, rengetegszer lehetett már része benne. Van még valami, amire kíváncsi?

DR. ÁMON: – Mi lesz, ha csalódni fog? Ha hiába beszélünk a szerelemről, mert nem érzi, hogy átmegy projekcióba, illetve, ha mégsem követi el a hibát?

VÉDA: – Semmiképp sem fogok csalódni; eddig még minden előre vitt, ami a kapcsolatunkban történt. Nagyon is elképzelhető, hogy a mai estének teljesen más lesz az eredménye, mint amire számítok, de lesz eredménye, az biztos. Én csak elmondtam, mit érzek problémámnak, és próbálom keresni a megoldást, de tévedhetek is akár a problémát, akár a feltételezett megoldását illetően. A csalódás ki van zárva; ha ebben nem lennék biztos, el sem jöttem volna.

DR. ÁMON: – Az az érzésem, úgy veti alá magát ennek az egésznek, mint egy műtétnek. Teljesen racionálisan.

VÉDA: – Ez baj?

DR. ÁMON: – Érzésekről van szó...

VÉDA: – Az igaz, de ebben soha nem lehettünk egyenrangúak, nem? Akkor van más választásom? Egyenrangútlan kapcsolatban kell megoldanom a szerelmi kérdést. Többek között arra is szeretnék választ kapni, hogy amikor elmaradt az időpontom, azért nem estem önnek, mert szerelmes vagyok, vagy azért, mert túl racionális. Valahogy meg kell fejtenem ezeket.

DR. ÁMON: – Ebben segítsek?

VÉDA: – Igen. Hiába kérdeznék rá, hogy a fenti kérdésemre mi a válasz, úgysem mondja meg, de segít, hogy felismerjem. Tudom, itt nem fizethetek a segítségért, de nem maradok adósságban. Különben is miattam jött ide, ebben biztos vagyok.

Ha nem akarja kimondani, hogy segít, nem kell kimondania, akkor is tisztában vagyok vele.

DR. ÁMON: – Meghallgatom, amit mondani szeretne, és a helyszíneket is végigjárjuk, így megfelel?

VÉDA: – Igen, ennyit szerettem volna kérni.

DR. ÁMON: – De a segítésnek ára van, ahogy maga is mondta. Az lesz az ára, hogy elmegy dolgozni egy hétre a pszichiátriára, úgyis kell magának a gyakorlat. Szerződésben állok velük, az a dolgom, hogy besegítő embereket küldjek oda, tehát ezzel nekem fizet. Egyébként meg jót fog tenni magának, ha nemcsak saját magával, hanem másokkal is foglalkozik, nem lesz olyan önző. A besegítést még őszig megcsinálja.

VÉDA: – Úgy lesz.

V.

VÉDA: Úgy kezdődött, hogy volt egy csapott falú tetőtéri szoba. Nem volt benne egyetlen bútor sem, csak padlószőnyeg. Este volt, halvány, hangulatos fénnyel. Tudatában voltam, hogy a többi emelet tele van emberekkel, középület lehetett. A padlástéri szobában ketten ültünk, te meg én egymással szemben a földön, törökülésben. Azért voltam ott, hogy tanuljak tőled lelki dolgokat, kicsit meditációs jellege volt az egésznek. Egy könyvet tartottál kinyitva a kezedben, abból jött a tanulnivalóm – nem olvastál fel belőle, de köze volt az ottlétemhez. A könyvből kivettél egy villát, és átadtad nekem. Amikor már nálam volt a villa, hirtelen egy lap termett előttem, szürke vagy fekete, nem tudom, hol így ugrik be, hol úgy. Vastag kartonpapír, A4-es méret. Nem nagyon beszéltünk, de feladatot kellett teljesítenem a villával és a papírral. Nem emlékszem, mi volt a feladat, talán része volt az is, hogy rá kellett jönnöm. Ráhajoltam a papírra és már majdnem felvettem a rajta fekvő villát (közben valahogy rákerült), amikor váratlanul összecsaptad a könyvet azzal, hogy most ennyi, szünetet tartunk, menjek kikapcsolódni. Felálltál a földről ezzel határozottan jelezve, hogy most tényleg befejeztük. Sajnáltam, mert nagy kíváncsisággal kezdtem volna a feladatba, de nem lázadtam, elfogadtam a szünetet, és kimentem az utcára. Ott is sötét volt, lámpák égtek. Néhány régi osztálytársam keveredett a közelembe. Azt tanácsolták, menjünk vissza a suliba, mindjárt vége az órák közti szünetnek. Gondoltam, elkísérhetem őket, aztán visszajövök. Bementünk az iskola épületébe, sokkal jobban ki volt világítva, mint a padlástéri szoba. Elértünk ahhoz az osztályhoz, ahonnan a társaim kijöttek, ekkor a teremben lévő tanár észrevett engem a nyitott ajtón át, és megbántva nézett rám. Tudtam, azért van megbántva, mert nem veszek részt a tanításon, ezért elkezdtem attól tartani, hogy majd kijön és bevisz, így elköszöntem a többiektől, és elindultam kifelé. Az utcán vettem észre, hogy egy másik tanár utánam jött, és egyre gyorsabban követett. Szaladni kezdtem. Tudtam, hogy csupán vissza akar vinni az iskolába, de én egyáltalán nem akartam oda visszamenni. Olyan kétségbeejtő gondolat volt, és annyira szaladtam már, a tanár meg majdnem utolért, hogy ekkor felébredtem.

A párbeszéd helyszíne a ház, ahol a nyaralás alatt Ámon lakik.

DR. ÁMON: – Hogy érzi magát?

VÉDA: – Remekül, de még a házba sem értünk oda, addig nem veszélyes.

DR. ÁMON: – Semmi ételmérgezéses tünet? A halhoz különben fehérbor illett volna.

VÉDA: – Tudom, de a házban csak vörösbort láttam, különben sem a vacsorához isszuk.

DR. ÁMON: – Mit váltanak ki magából a helyszínek?

VÉDA: – Csak felerősítik a hatást, ami nélkülük is megvan.

DR. ÁMON: – Milyen hatást?

VÉDA: – A szerelmet vagy a projekciót, pont ez a kérdés.

DR. ÁMON: – Hát akkor itt vagyunk! *(Kinyitja az ajtót, belépnek.)* Bármikor belekezdhet, hallgatom...

VÉDA *(szétnéz, hogy időt nyerjen):* – Jó ez a kis nappali... Hová ül?

DR. ÁMON: – Ide, a székre.

Megfordítja a kanapéval szemben lévő széket, és úgy ül rá, hogy a támlája néz Véda felé, a támlára rákönyököl.

VÉDA: – Én meg szembe, a kanapéra. Pont jó, hogy ilyen messze vagyunk egymástól, így képzeltem el. Lehet, hogy nem úgy tűnik, de szeretném ezt az egészet teljesen felnőtt ember módjára megbeszélni, azonban hozzátartoznak bizonyos gyerekes dolgok, átéltem azokat is, így nem akarom kihagyni a mondanivalómból sem. Ezért fontos például a ház is, mert sokszor elképzeltem, hogy ketten vagyunk egy házban. A beszélgetésen kívül semmi sem történt a képzeletemben, így volt tökéletes. Ön az egyik sarkában a szobának, én a másikban, és átbeszélgettük a nappalokat, éjszakákat. Nevetségesen hangzik?

DR. ÁMON: – Most olyan, azt érzi, ahogy elképzelte?

VÉDA: – Kíváncsi voltam, azt érzem-e, de persze a képzeletemben egyenrangúak voltunk, és úgy beszélgettünk, a valóságban most sem így van. Olyan is, meg nem is.

DR. ÁMON: – A fantáziájában miről beszélgettünk?

VÉDA: – Mindenféléről. Nem az volt a lényeg, hogy elmélkedjünk valamiről, hanem hogy a szavak által is megfürödjünk egymás lényében. A képzeletemben persze én nő voltam az ön szemében, és teljesen egyenrangú, ez azt jelenti, hogy nem idealizált engem. Nem szeretem, amikor a pasasok ráaggatnak a nőre olyan tulajdonságokat, amitől istennőként tekintenek rá, szóval egy férfi ne lihegjen felfelé egy nőért. Természetesen én sem idealizáltam önt, a valóságban sincs másképp.

DR. ÁMON: – Nem szereti, ha egy férfi felnéz magára?

VÉDA: – Talán nem. Érdekes, mert elég sokan felnéztek rám, de valahogy mindig megiszonyodtam tőlük. Igaz, volt olyan is, aki nemlétező tulajdonságom miatt becsült, de ettől az embertől nem iszonyodtam meg, sőt ellenkezőleg, vonzott.

DR. ÁMON: – De hol van itt a *ráaggatás*? Ha azért néznek fel magára, ami benne van a személyiségében.

VÉDA: – A becsülendő tulajdonságaim rám tartoznak, nem kell tükör ebből a szempontból, és ott van a rakás nem becsülendő vonásom, de azokat nem vették észre.

DR. ÁMON: – Én azért lennék megfelelő magának, mert nem értékelem túl?

VÉDA: – Többek között igen.

DR. ÁMON: – A sok beszélgetésen kívül kapcsolódik még valami a házhoz?

VÉDA: – A képzeletbeli ház elhagyatott helyen van, kis faház az erdőben, bútorok sincsenek benne, a földön ültünk. Mindig úgy képzeltem, hogy néhány napot töltünk el a házban, majd eljövünk onnan. Talán, mint nászút után. De ebben az ábrándban egyáltalán nem volt szex, csak beszélgetés. Most mindent kimondok, ami eszembe jut, ha valami sérti, állítson le. Szeretném elmondani a többi fantáziámat is. Az egyik víziómban azt látom, hogy a tengerparton fehér ingben és világos farmerben közeledik felém, közben fúj a szél. Éppen úgy, mint amikor itt összetalálkoztunk. Ezt a képzetemet leírtam a naplómba, vagyis a számítógépembe, ahogy az öszszes többit is. Az ábrándot sohasem tudatosan idéztem fel, hanem betört a lelki szemeim elé a legváratlanabb helyzetekben. Talán látomás? Lehet, de mindig tudtam, hogy csak képzelet. És van még egy fantázia, az már elég durva, nem tudom, megengedi-e, hogy elmondjam...

DR. ÁMON: – Szex?

VÉDA: – Igen...

DR. ÁMON: – Elképzelte, hogy mi lefekszünk egymással?

VÉDA: – Igen, azt is sokszor.

DR. ÁMON: – És még mit?

VÉDA: – Ugyanezt, csak bizonyos valóságos helyzetben... Amikor a férjemmel voltam. Sokáig nem tudtam elképzelni, de később igen, majd még később megint nem.

DR. ÁMON: – Ezt miért akarta elmondani?

VÉDA: Azért, hogy elfelejtsem. Pontosabban, hogy megszűnjön a hatalma az elmondás által, mindent ezért akarok elmondani. Más fantáziám nem volt, sem szexuális, sem egyéb.

Voltak viszont érdekes álmaim. Szerintem az bennük a legérdekesebb, hogy egyik sem vágyteljesítő álom, nem volt bennük semmi szerelem az ön álombeli alakja részéről, de mindig nagyon mély szimbolikus jelentésű álmok voltak. Az álmokat egyenként most nem mondanám el, mert tényleg napokig kellene egyfolytában beszélgetnünk, hogy még ki is elemezzem őket. A lényeg az, hogy az ön alakja lett a lelkem legfőbb szimbóluma, amely mindig üzent valami fontost, ha álmomban felbukkant, ebből is látszik, mekkora jelentőséggel bír az életemben. Szeretném, ha nem bírna...

DR. ÁMON: – Úgy érzi talán, hogy leuraltam magát?

VÉDA: – Gondolkodtam már ezen, de nem érzem úgy. Sohasem uralkodott felettem. Teljesen betöltött, ám ez nem jelenti, hogy én eltűntem volna, sőt kibontakoztam. Tökéletesen megférünk egymással a lelkemben.

DR. ÁMON: – Miért akar ennyire megszabadulni ettől?

VÉDA: – Borzasztóan hiányzik a viszonzás. Nincs rá egyéb ok.

DR. ÁMON: – Jöhet a bor?

A kérdés közben odamegy a polchoz egy üveg borért meg a bontóért, leveszi, majd mialatt Véda beszél, lassan visszaül.

VÉDA: – Még nem. Szeretném elmondani, hogy szerintem mi a szerelem. A levélben olyan jól összeszedtem a megfogalmazását, hogy azóta sem tudok mit hozzátenni. Felolvasom, a pénztárcámban tartom, mindig nálam van... *(Keresi a levelet.)* Szeretném tudni, egyetért-e velem. *(Olvas.)* „Azon gondolkozva, miért élek érzelmi hiányban, felmerült bennem, hogy talán téves a szerelemről kialakult felfogásom. Szerintem ugyanis csak egyetlen szerelem van az életben. Az a jellemzője, hogy kiszámíthatatlanul következik be, megrendítő, és átformálja az embert. Ez nem azt jelenti, hogy megalkuvóan feláldozza saját magát, hanem hogy a szerelem által átmegy egy fejlődésen, de nem tudatosan, szándékosan, hanem azért, mert képtelen elkerülni. Ez pedig azzal jár, hogy megváltoznak, átértékelődnek korábbi elvei, szokásai stb. Kicserélődik az ember, megváltozik a személyisége, de úgy, hogy ez nem veszteség számára, mert átkerül egy magasabb

73

szintre, ami által gazdagabb lesz, és a befogadóképessége kitágul. Ugyanakkor lehet, hogy boldogtalanabb lesz, mert nem biztos, hogy viszonzásra talál. Legalábbis addig marad boldogtalan, amíg nem lép túl azon a vágyán, hogy együtt legyen a másikkal. Tehát szerintem a szerelem nem kiérdemelhető, nem feltétlenül kölcsönös, és nem pusztán kellemes érzést, kellemes testi-lelki kapcsolatot jelent egy hozzám hasonló érettségű személlyel, amiben úgy marad meg a függetlenségem, hogy az maradok, aki voltam, és a kapcsolat csak bizonyos alkalmazkodást, néha áldozatot igényel. Ilyen is lehetséges, de ez nem szerelem. Legalábbis annak nem, aki átélte, amit próbáltam megfogalmazni. Talán az a baj, hogy így látom, mert így nem érem be kevesebbel, ugyanakkor sosem lesz ilyen kölcsönös kapcsolatom, illetve lehet, hogy mégsem baj, hogy így látom, csak az, hogy nem tudok megbékülni azzal, hogy nem kölcsönös. Erre egyelőre nem tudom a választ. A szerelem okoz hiányérzetet, ha viszonzatlan – amíg meg nem tanul az ember még jobban szeretni, és ez a hiányérzet inkább abból fakad, hogy nem adhat annak szeretetet, szerelmet, akinek szeretne, mert az nem fogadná el, illetve nem éri be annyival, amit kimutathat a szeretetéből –, de nem okoz követelőzést. A szerelemben az ember a másikban valami olyat lát meg, amit nem mindenki vesz észre benne, de benne van. Ez nem feltétlenül egyetlen tulajdonság, hanem – akár azon az egy vonáson keresztül megvilágítva – lehet a másik egész lénye. Talán a megértés erre a legjobb kifejezés, bár csak megközelítőleg, mert több annál. A szerelem kialakulása valaki iránt szerintem nem fejlettségi szint függvénye, sem a sajátjáé, sem a másiké. Illetve mindenki előrébb tarthat egy másik embernél valamiben, de még ettől sem függ a szerelem, hogy előrébb tartson a másik. Egyszerűen csak van, megmagyarázhatatlanul. Talán az a lényege, hogy felismeri a másikban a szó igazi értelmében az embert. A szerelem is személyiségfejlődést hoz létre, de másképp, mint a projekció. A projekció abban segít, hogy az legyek, akivé válnom kellett volna, a szerelem által pedig több leszek annál." Ennyi a levél.

DR. ÁMON: – Ezt mind átélte, amit leírt?

VÉDA: – Igen, különben nem tudtam volna megfogalmazni. Korábban sohasem gondolkodtam a szerelemről. Nem voltak kész megfogalmazásaim, feltevéseim, várakozásaim sem.

DR. ÁMON: – Felolvasta az előbb azt is, hogy túl kell lépni a hiányérzeten, ha viszonzatlan a szerelem. Nem sikerült?

VÉDA: – Nem. Nem is akarom, hogy sikerüljön, nem szeretnék eljutni odáig. A jellemfejlődésnek erre a részére nem tartok igényt. Viszonzatlan szerelem nem kell, csak az a kérdés, eldönthetem-e, vagy minden úgy lesz, ahogy a sorsom akarja. Nos, megtudhatom, mit gondol a levelemről?

DR. ÁMON: – Bizonyos szempontból egyetértek vele, de szerintem viszonzatlanság esetén úgy kell túllépni rajta, hogy „amit éreztem, illúzió volt, nem szerelem". A szerelem feltételezi a kölcsönösséget.

VÉDA: – És ha ez csak kifogás? Önkábítás, nem öngyógyítás. Amit szerelemnek érzek, nem érezhetem másnak pusztán attól, hogy a másik nem viszonozza, hiszen a szerelem által hatással volt rám a másik ember és megváltoztatott. Mindez nem valódi?! De akkor nem szerelem?

DR. ÁMON: – Szerintem az igazság mindig az, amitől jól érezzük magunkat. Kesereghetek a viszonzatlanság miatt, de ettől nem fogom jól érezni magam. De ha jól vagyok, nem siránkozom, és akkor viszonzást találok egy másik embernél.

VÉDA: – Szerintem viszont csak látszólag fogom jól érezni magam. Elhitethetem magammal, hogy már nem érdekel a másik, de ennek később következménye lesz az életemben. Egyébként a szomorúság fontos része a folyamatnak, amiről viszont nem veszünk tudomást, felszínesség, és lappangó bajok származnak, és egyszer úgyis a felszínre törnek, mert addig rombolnak a mélyben.

DR. ÁMON: – Ha elfogadtam, hogy amit érzek, nem kölcsönös, akkor miért ne érezném jól magam?

VÉDA: – Ha elfogadtam, akkor tényleg jól érezhetem magam, csakhogy egyfolytában azt magyarázom, hogy amit elfogadásnak nevez, nem az, hanem csak elhitetése saját magammal. Mégpedig azért, mert az elfogadás sokkal hosszabb és bonyolultabb folyamat, mint ahogy a szavaiból kitűnik. Lehet, hogy évekig eltart egy elfogadás, lehet, hogy egy életen át, és az is lehet, hogy valaki soha nem tud megbirkózni vele.

DR. ÁMON: – Tehát az ember siránkozzon évekig, esetleg egy életen át, nehogy jól érezze magát…

VÉDA: – Nem egészen. A kesergést nem lehet megúszni, de van annak egy legmélyebb pokla, amiben nem kell örökké benne lenni. Az enyém viszonylag hosszú volt, de aztán elmúlt, azonban ez még nem a megoldás.

DR. ÁMON: – Mitől lett vége a pokolnak?

VÉDA: – Tulajdonképpen két pokol volt, mert a projekciómnak is volt egy pokla, aminek más okból lett vége, mint a szerelempokolnak. Időben persze részben fedik egymást, mint ahogy a projekcióm meg a szerelmem is. A projekciós pokol akkor enyhült, amikor pszichológiát kezdtem tanulni, és felfedeztem, hogy ez az, ami engem szenvedélyesen érdekel. Megtaláltam magamat. A szerelmi poklom teljesen más utat járt be, de mindezt csak egy bizonyos idő távlatából látom ilyen világosan, sokáig azt sem láttam be, mi a projekció. A másik pokol akkor kezdett oldódni, amikor elkezdtem lemondani a kölcsönösségről. A lemondást persze segítette valami, egy felismerés. Bármit elmondhatok?

DR. ÁMON: – Tőlem igen.

VÉDA: – A felismerés az volt, hogy a szerelmi poklot ön még sohasem járta meg. Persze nem jelenti azt, hogy nem szenvedett szerelem vagy legalábbis valami hasonló miatt, de egészen biztos, hogy nem olyan mélységig, mint én. Sohasem engedte meg magának, hogy túlságosan elmélyüljenek az érzelmei valaki iránt. Önvédelemből. Nem engedi meg magának a mély kötődést, a jó értelemben vett ragaszkodást, és azt hiszi, hogy igényt sem tart a szeretetre, csak szeretni akar. Oltári nagy hazugság mindez. Persze hozzátartozik, hogy még nem találkozott olyan nővel, akivel kapcsolatban nem működik ez az önvédelmi építmény, akinek kivédhetetlen hatására mindez romjaira dől össze. Nem is akar ilyen nővel találkozni, hiszen iszonyúan fél a kiszolgáltatottságtól. Soha nem fog rájönni, mennyivel gazdagabbá válhatna a lénye, ha betörne az életébe a szerelem. Az ember egész életében kiszolgáltatott, a felnőttség nem szünteti meg a kiszolgáltatottságot, hanem lehetőséget ad arra, hogy az ember a maga javára fordítsa. Azért kezdtem szívből lemondani a kölcsönösségről, mert rájöttem, hogy az én szerelmem viszonzására ön még éretlen. Bocsánat, hogy kimondtam, de szerintem ez az igazság. Azonban ettől nem szűnik meg a szerelmem. De megkérdezheti, hogyha én már elkezdtem lemondani, akkor hol a probléma, ami miatt most beszélgetünk, és amitől meg akarok szabadulni. Mindjárt jön az is, de előtte kíváncsi lennék, mit gondol arról, amit eddig elmondtam.

DR. ÁMON: – Teljesen logikus, amit elmondott, de tele van erőszakkal. *Betör, lerombol, kivédhetetlen,* ilyenekkel jellemezte az érzelmeit. Szerintem a szerelem nem lehet erőszakos.

VÉDA: – Pedig erőszakos. Persze mi az, hogy erőszakos? Azzal egyetértek, hogy az olyan erőszakot, ami rajtam múlik, ne kövessem el, például ne követeljem a viszonzást. De az életben minden igazán fontos dolog erőszakos. A születés nem erőszakos? És a halál? Az apánk, anyánk iránti eltéphetetlen kötelékünk nem erőszakos? Az igazi szerelem egy erőszakos érzelem, csakhogy rajtunk múlik, mit kezdünk az egésznek a brutalitásával is.

DR. ÁMON: – Jó, ez megint logikus, de hol van magánál a megelégedettség? Hol a belső békéje?

VÉDA: – Még nincs meg teljesen, különben nem is lennék most itt. A békét egyelőre abban találom meg, hogy az igazi szerelmet átélni kiváltság, mert nem mindenki találkozik vele, és ha találkozik, de nem ismeri fel azokat a dolgokat, amiket elmondtam, akkor semmit nem ért számára a szerelem. Átélni és fejlődni általa hihetetlen kegyelem és embert próbáló út egyszerre; aki megtette az utat, büszke lehet magára.

A viszonzatlanság azonban megnehezíti, hogy az említett békét elérjem, csak az éretlenségének felismerése segít az elfogadásban.

DR. ÁMON: – Az éretlenséggel kapcsolatban nem lehetséges, hogy pont az ellenkezője igaz? Tehát hogy én már átmentem azon a fejlődési fokozaton, ahol maga tart, egy vagy több szerelmen keresztül, és ezért már a békét találom meg valakivel, aki ott tart, ahol én. Vagyis kettőnk közül nem maga tart előrébb, hanem én.

VÉDA: – Így is lehetne, de nem ez jön le abból, ahogy beszél és ír a párkapcsolatokról. Másrészt, ha valakibe igazán szerelmes az ember, akkor legfeljebb csak azt hiszi, hogy lehet még másokba is szerelmes, de nem így van. Viszont azért vagyok itt, hogy megcáfoljon, és meggyőzzön mindennek az ellenkezőjéről.

DR. ÁMON: – Mit talál meg az olyan ember, aki úgy érez és járja az utat, ahogy maga?

VÉDA: – Például eltűnnek azok a kérdések, hogy miért élünk, mi az értelme az emberi életnek. Az ilyen ember ezeket már nem kérdezi, mert tudja, de nemcsak ésszel tudja, ez egy teljesen másféle tudás. De úgy is fogalmazhatok, hogy a kérdés azért tűnik el, mert valahogy elveszti a jelentőségét. A lényeg, hogy felértékelődik az élet, nemcsak a saját magamé, hanem mindenkié. Szerintem az igazi belső békét és biztonságot ezáltal lehet megtalálni, és az sokkal több, mint a komfortérzet.

DR. ÁMON: – Még nem mondta el, mit lát bennem, ami vonza.

VÉDA: Nem az a kérdés, mit látok önben, hanem hogy ugyanezt miért nem váltja ki belőlem egy másik ember. Ugyanis semmi olyasmit nem látok, ami nincs meg bárki másban, hiszen ha azt mondom például, hogy a határozottsága tetszik vagy a szenvedélyessége vagy az esze, akkor ezekkel még semmit nem mondtam el arról, hogy mit szeretek önben. Csak azt tudom, hogy az az ember, aki a szerelmünk, nyit meg bennünk egy csatornát, ami kitágítja az észlelésünk, érzékelésünk határait. Szeretem az említett tulajdonságait, de szeretem a nagyképűségét, a fölfuvalkodottságát, a tévedésekre való hajlamát is. A menekülését, a félelmeit, a botlásait. Mindazt, ami állítólag nem vonzó. Másvalakiben én sem szeretem ezeket. De miért nem?! Nincs rá válasz. Ugyanakkor az érzéseim nem jelentik azt, hogy ne kívánnám a fejlődését, csiszolódását, csakhogy nem magam miatt, és még azt sem jelenti, hogy elfogultan ítélném meg, dehogy. Én csak szeretem.

DR. ÁMON: – Feltétel nélkül?

VÉDA: – Nem, hiszen az a feltétele, hogy ön a csatornám. Nemcsak mint orvos csatorna saját magamhoz, hanem mint ember csatorna a saját magamon túlihoz, ahhoz, ami szerelem nélkül engem meghaladott volna, és soha nem találtam volna meg.

Ámon különös, örvénylő tekintettel néz, mintha most elgondolkodva magába szállna.

VÉDA: – Tudom, ijesztő, amiket mondok. Nyugodtan mondja meg, ha kóros, az ijedtségen már régen túl vagyok, de nem attól ijedt meg, mert kóros az állapotom, hanem saját maga miatt, hogy hátha igazam van. Nyugodtan elutasíthatja, ezt már réges-rég elfogadtam. Meg is győzhet, hogy mindez hülyeség vagy betegség, projekció, úgy értem, nyitott vagyok rá, sőt mindennél jobban vágyom erre.

DR. ÁMON: – Eldobná a megtalált kincseket?

VÉDA: – Még gondolkodás nélkül. Ezt az ellentmondást sem kell feloldani. Gyarló ember vagyok, aki nem akar szenvedni hiányérzettől, elutasítástól, viszonzatlanságtól, meg akar szabadulni ezektől bármi áron, odadobja a kincset is érte. Na persze, ha meg tud győzni arról, hogy nem vagyok szerelmes és soha nem is voltam, akkor a kincs sem igazi, csak bizsu vagy hamisítvány, miért sajnálnám eldobni? Egyáltalán nem sajnálom.

DR. ÁMON: – Ha én elég érett lennék, viszonoznám az érzéseit?

VÉDA: – Nem feltétlenül. Nem azért nem viszonozza, mert éretlen, hanem azért éretlen, mert nem viszonozza. Egyáltalán nem biztos, hogy én vagyok az ön csatornája, sőt ha nem látja meg bennem és általam azt, amiről az előbb beszéltem, akkor biztos, hogy nem én vagyok a csatornája. De ha én lennék az, akkor sem biztos, hogy viszonozná, mert lehet, hogy nem az utat választaná.

DR. ÁMON: – Valamit végképp nem értek. Ha nem ért egyet velem ilyen alapvető érzésre vonatkozóan, mint a szerelem, akkor miért keresett meg annak idején? Miért hozzám fordult?

VÉDA: – Amikor felkerestem, még mindenben egyetértettem, de csak ezután lettem szerelmes, ami megváltoztatott úgy, hogy a szerelmi és párkapcsolati kérdést már másképp látom. Ha nem lennék szerelmes, a mai napig egyetértenék mindenben. Bár van még valami, ami miatt másképp látok. Amikor két ember sokat beszélget egymással szemtől szembe, vannak olyan pillanatok, amikor a szituáció mégsem okoz egyenrangútlanságot. Ilyen pillanatokban láttam meg, hogy szerelmi téren ön egy nyughatatlan ember. Nincs meg a belső békéje. Lehet, hogy ezt nem is tudja, vagy úgy gondolja, ha mások elhiszik a beteljesült, örök lángoló szerelmét, mely tökéletes párkapcsolat is egyben, attól majd ön is elhiszi, hogy megtalálta és abban él. Sajnálom, de én nem hittem el soha.

DR. ÁMON: – Emiatt csalódott bennem?

VÉDA: – Nem. Attól, hogy felismertem egy bizonyos gyengeségét, még nem változott sem a tiszteletem, sem a szeretetem. Sohasem gondoltam, hogy tökéletes lenne.

DR. ÁMON: – És az nem lehetséges, hogy azért szeretett belém, hogy ne kelljen csalódnia? Mert akkor szembesülnie kellett volna azzal, hogy rosszul választott, amikor hozzám fordult.

VÉDA: – Gondoltam már erre. Azt hiszem, mindent fontolóra vettem, hogy megtaláljam a választ a *miért szerettem magába* kérdésre. Rá akartam világítani arra, hogy becsapom magamat, onnantól kezdve, hogy a fejemhez vágta a projekciót. Nem tudok abban hinni, hogy önvédelemből alakítottam ki ezt a szerelmet, és mondom, a tisztelet is megmaradt. Úgy érzem, akkor is megmaradt volna, ha nem vagyok szerelmes.

DR. ÁMON: – Mit lehet tisztelni az olyan emberben, akivel már nem értünk egyet, és úgy gondoljuk, hogy bizonyos téren meghaladtuk őt?

VÉDA: – A küzdelmeit. Többnyire nem szokott elmenekülni, le szokta győzni saját magát, elég bátor. És természetesen azt is, amit elért.

DR. ÁMON: – Ha mindenre gondolt már, amivel megcáfolhatná, hogy szerelmes, akkor mit vár tőlem?

VÉDA: – Nem biztos, hogy mindenre gondoltam, olyasmire várok, ami nem jutott eszembe.

DR. ÁMON: – Nem segíthetek ebben magának.

VÉDA: – Miért nem? Nem tud vagy nem akar?

DR. ÁMON: – Nem tudok.

VÉDA: – Szerintem ez hazugság.

DR. ÁMON: – Miért lenne hazugság?

VÉDA: – Mert sok minden másban is hazudik nekem; például nem vallja be a rendszert. Fogadok, hogy most is minden szavunkat rögzítette valahogy, szerintem mindig ezt szokta csinálni. Nehogy kitalálhassak olyasmit és önre fogjam, ami nem történt meg, például, hogy összemelegedtünk, akart tőlem valamit. Gondolom, megvan rá az oka, hogy gyanakodjon. Sok nő csinált ilyet? Nyilván. Jobb előre kivédeni. Miért is hinné el, hogy én soha nem lennék ilyesmire képes, elég, ha én tudom. Persze nem vagyok szent, de egy határon nem megyek túl akkor sem, ha rögzít mindent, akkor sem, ha nem.

DR. ÁMON: – Na és a bor? Amikor majd elveszti a fejét...

VÉDA: – Az más, előre bejelentettem, és nem arról szól, hogy akarna tőlem valamit, hanem hogy én nem viselkedem megfelelően egy meghatározott célból, ami nem a szerelem, hanem a projekció, utóbbi pedig belefér az orvos-beteg kapcsolatba.

DR. ÁMON: – Ki tudhatná előre, hogyan emlékszik majd viszsza, mi történt nem józan állapotában? Egyébként mindig ilyen becsületes?

VÉDA: – Mondtam már, hogy nem leszek ittas, mindenre a lehető legpontosabban fogok emlékezni. Arra is emlékszem, igaz, nem volt bennem alkohol, amikor a rendelőben azt hitte, azért kérek vizet, mert fel akarom vágni az ereimet az üvegpohárral. Megrémültem, mit néz ki belőlem, mire tart képesnek. Na, szóval meg tud győzni, hogy nem vagyok szerelmes?

81

DR. ÁMON: – Meggyőzni? Nem tudom. Én nem vonom kétségbe, hogy magának igaza van a szerelemről.

VÉDA: – Dehogynem. Egyébként is ez a dolga, legyen szíves kételkedni benne.

DR. ÁMON: – Maga azt szeretné, hogy váltsam meg a saját útja szenvedéseitől, ezt pedig nem tehetem.

VÉDA: – Ez nagyon találó... Jól el is talált.

DR. ÁMON: – Akkor?

VÉDA: – De nem akarok a viszonzatlan szerelemtől szenvedni, annyi minden mástól szenvedtem már éppen eleget.

DR. ÁMON: – Én nem vagyok isten, hogy levegyem a válláról.

VÉDA: – Persze, hogy nem, különben is éppen az isten az, aki senkinek semmit sem vesz le a válláról, csak rápakol roskadásig, ön viszont mindig tudja, mitől érzi jól magát az ember, én pedig attól érezném jól magam, ha nem lennék szerelmes, vagyis ha lespórolhatnám ezt az utat. Segítsen már!

DR. ÁMON: – Nem tudok, akkor sem, ha sír. Tényleg nem.

VÉDA *(sírva)*: – De mondja azt... hogy... hogy ez egy betegség, hogy nem vagyok normális. Örülnék neki. Milyen betegség ez?? Szeretném megtudni!

DR. ÁMON: – Minek?

VÉDA: – Megnyugodnék tőle, hogy csak egy betegség, van rá magyarázat. Mondja már meg! A betegségtől meg lehet szabadulni. Nem veheti el a lehetőségét, hogy megszabaduljak tőle, nem teheti meg! Nem teheti meg...

DR. ÁMON: – Ha továbbra is így zokog, teljesen lila lesz a szája, és még jobban fog vacogni.

VÉDA: – Nem érdekel, majd a bor felmelegít.

DR. ÁMON: – Nem az én dolgom megítélni, hogy magának igaza van-e, mindenki lehet szerelmes.

VÉDA: – De mindaz, amit elmondtam, amit érzek... ami velem történik, azért van, mert kóros az állapotom? Beteg vagyok?! Ezt kell tudnom mindenképpen.

DR. ÁMON: – Vitathatatlan, hogy van magában érzelmi felfokozottságra való hajlam, de ez önmagában nem betegség. Úgy látom, nem rugaszkodott el a valóságtól, a földön jár, méghozzá két lábbal. Innentől kezdve nem dönthettem el én, hogy amit érez, butaság vagy szerelem.

VÉDA: – Ha az kell ahhoz, hogy ne legyek szerelmes, hogy ne álljak a földön, akkor nem akarok a földön állni! Meg akarok bolondulni, el akarok szakadni a valóságtól, nem akarok érezni sem hamisan, sem igazan.

DR. ÁMON: – Sajnálom, ebben nem segíthetek.

VÉDA: – De igen, legalább adjon rá valami gyógyszert, ami elveszi a fájdalomérzetet.

DR. ÁMON: – Dehogy adok.

VÉDA: – Nem érti, hogy fel vagyok hasítva?! Ez nagyon fáj, és nem tudok vele mit kezdeni. Nem akarom tovább érezni.

DR. ÁMON: – Kérjen mástól.

VÉDA: – Hogy kérhetném mástól?! Nem kérhetem ezt mástól.

DR. ÁMON: – Miért? Mert én vagyok az, akibe szerelmes?

VÉDA: – Nem azért! Orvos, és mindent tud rólam, ezért.

DR. ÁMON: – Ha másba lenne reménytelenül szerelmes, akkor is kérne tőlem gyógyszert?

VÉDA: – Akkor nem... Nem tudom. Csak azt tudom, hogy nem akarom ezt az egészet. A szerelmet...A projekcióval semmi bajom.

DR. ÁMON: – Nem nyugodna meg a gyógyszertől. Mindennél erősebb, amit érez. Ettől még próbálkozhat vele, ha más felírja.

Véda hirtelen kizökken a sírásból, és átvált nem leplezett dühbe.

DR. ÁMON: – Mitől lett ennyire dühös? Eddig csak a hideg rázta, de most majdnem szétrobban...

VÉDA: – Hogy mondhat olyat, hogy mindennél erősebb, amit érzek?! Azt kellene mondania, hogy majd elmúlik! Sőt azt, hogy tévedés. Az egész tévedés, ezt kellene mondania!

DR. ÁMON: – Nem mondhatom, mert nem tévedés. Pontosabban nem tudhatom, hogy tévedés-e. Nem betegség, az biztos.

VÉDA: – Nem kóros?

DR. ÁMON: – Nem.

VÉDA: – Mitől lenne kóros?

DR. ÁMON: – Ennek mi a jelentősége? Akkor lenne kóros, ha a fantáziájában élne. Ha nem lenne tisztában azzal, hogy amiről velem kapcsolatban ábrándozott, nem történt meg a valóságban. Illetve akkor, ha a fantáziálás meg az érzései miatt képtelen lenne a mindennapokban élni, csak előbbivel lenne elfoglalva.

Véda újra sírva fakad.

DR. ÁMON: – Miért sír megint?

VÉDA: – Nekem semmi sem megy teljesen... még elmebeteg sem lehetek eléggé! De viszonzottan szerelmes sem... Mindig a lényeg hiányzik: az anyámból az anyám, a testvéremből a testvérem... a szerelmemből a viszonzás, a betegségemből az öntudatlanság. Soha sincs meg a másik oldal... Miért? Eddig elbírtam, de a szerelemben már nem akartam a hiányt elviselni.

Ámon nem szól.

Véda lecsillapodva hallgat.

DR. ÁMON (*megfordítja a széket, a támlája kerül hátulra, vagyis ahogy eredetileg volt, és úgy ül rá vissza*): – Hogy döntött, mit fog csinálni?

VÉDA: – Mivel?

DR. ÁMON: – Elmenekül, vagy marad az út?

VÉDA: – Csak ebben lehet dönteni?

DR. ÁMON: – Maga mondta.

VÉDA: – Mondtam, de nem tudom, így van-e. Így van?

DR. ÁMON: – Így.

VÉDA: – Nem értem, eddig másképp beszélt. Csak ismételget engem, vagy azt is gondolja, amit kimond?

DR. ÁMON: – Így is gondolom, egyetértek magával.

VÉDA: – Az hogy lehet?

DR. ÁMON: – Abban, amit elmondott, van valami nagyon lényeges. Nem az a fontos szerintem, hogy amit érez, objektíven nézve szerelem, butaság vagy projekció. Nem kell meghatározni, nem ez a lényeg.

VÉDA: Hát mi a lényeg?

DR. ÁMON: – Nem jött rá? Szerintem már rájött.

VÉDA: – Fogalmam sincs...

DR. ÁMON (*előredől, a két könyökével lazán megtámasztja magát a térdén*): – Reggel úgy kel fel, hogy semmi értelme az életének, mert nem szereti viszont az a nehéz felfogású pasas, vagy azt érzi, hogy a saját maga útja a fontos a szerelemben és az önmegvalósításban egyaránt, és ezért érdemes felkelni? Örül annak, hogy élhet egy újabb napot? *(Újra hátradől.)* Szerintem már régen eldöntötte, hogy az utat választja.

Véda zavartan hallgat, de feszülten figyel.

DR. ÁMON: – És tudja, hogy ez még mit jelent?

VÉDA: – Nem.

DR. ÁMON: – Azt, hogy nem függő.

VÉDA: – Dehogynem, szenvedek, mint a kutya. Ha nem lennék függő az érzéseimtől, nem éreznék fájdalmat.

DR. ÁMON: – Nincs ebben igaza. Pontosan a függő emberek nem éreznek fájdalmat. Azért, mert elnyomják valamivel. Droggal, alkohollal, gyógyszerrel vagy akár követelőzéssel.

VÉDA: – A nem függők meg kínlódnak egész életükben?

DR. ÁMON: – Bizonyos szempontból igen, bizonyos szempontból pedig elérik azt a belső békét, amit maga is említett. Napi harc ez.

VÉDA: – De mi lesz velem? Nem lesz gyerekem, nem lesz férfi az életemben. Csak a viszonzatlan szerelem van... Ez normális?

DR. ÁMON: – Teljesen relatív, hogy mi a normális.

VÉDA: – Persze... Én is ezt mondtam ma este, egyébként öntől tanultam.

Ámonon nem látszik, hogy visszaemlékszik-e.

Véda az imént elhangzottakon tépelődik, még mindig kissé feldúltan.

Ámon várakozóan, sürgetően néz Védára.

VÉDA: – Mit tenne a helyemben?

DR. ÁMON: – Innék egy kis bort. *(Feláll, kinyitja az üveget és közelít a borral.)* Tölthetem?

VÉDA: – Ne! Nem kérek, köszönöm. Nem illik a halhoz. Majd talán máskor, egy másik helyzetben.

VÉDA: Egyszer rajzoltam álmomban, történetesen egy kockát, ilyet gyakran szoktam ébren is firkálni. Valaki fölém hajolva megnézte, és megkérdezte, mi ez. Mondtam neki, hogy a szokásos ajándékdoboz-rajzolgató mániám. A valóságban még soha nem jutott eszembe, hogy a kocka, amit rajzolok, ajándékdoboz lenne. Erre megkérdezte, milyen ajándékot tennék a dobozba. Azt tenném bele – mondtam –, hogy az anyám meg az öcsém legyenek életben. Megkérdezte, miért ilyen irreálisan gyerekeset szeretnék, miért nem azt kívánom, hogy maradjak velük lelki kapcsolatban. Fura, álmomban éreztem, hogy az illetőnek igaza van, és átéreztem a saját gyerekességemet, meg azt is, hogy mennyivel nehezebb azt kívánni, amit javasolt.

Véda becsukja a laptopot.

VÉGE

A szerző

Küllő Iltia Ózdon született 1974.05.15-én. Jogi egye-
temet végzett és jogászként dolgozik, de mellette
a pszichológiai diplomát is megszerezte. Élettársi
kapcsolatban él. Érdeklődési területei a pszichológia és
a szépirodalom. Hobbiként foglalkozik az írással, eddig
két novellája és egy monodrámája jelent meg. A jog és
a pszichológia adja az inspirációt számára az írásokhoz.
Szakmája során sok emberi konfliktussal találkozik,
melyek sokrétűsége érdekli leginkább.

A kiadó

Aki feladja,
hogy jobbá váljon,
feladta,
hogy jobb legyen!

E mottó alapján a novum publishing kiadó célja az új kéziratok felkutatása, megjelentetése, és szerzőik hosszútávú segítése. Az 1997-ben alapított, többszörösen kitüntetett kiadó az egyik legjelentősebb, újdonsült szerzőkre specializálódott kiadónak számít többek között Ausztriában, Németországban és Svájcban.

Valamennyi új kézirat rövid időn belül egy ingyenes, kötelezettségek nélküli kiadói véleményezésen esik át.

További információkat a kiadóról és a könyvekről az alábbi oldalon talál:

www.novumpublishing.hu